KB179036

신채호가 들려주는

자강론 이야기

신채호가 들려주는

자강론 이야기

ⓒ 이종란, 2007

초판 1쇄 발행일 2007년 2월 10일
초판 12쇄 발행일 2023년 5월 18일

지은이   이종란
그림   이유리
펴낸이   정은영

펴낸곳   (주)자음과모음
출판등록   2001년 11월 28일 제2001-000259호
주소   10881 경기도 파주시 회동길 325-20
전화   편집부 (02)324-2347 경영지원부 (02)325-6047
팩스   편집부 (02)324-2348 경영지원부 (02)2648-1311
e-mail   jamoteen@jamobook.com

ISBN 978-89-544-1969-7 (64100)

신채호가 들려주는
자강론 이야기

이종란 지음

|주|자음과모음

책머리에

    역사는 과연 되풀이되는 것일까요? 한마디로 답하면 그렇습니다. 하지만 정확히 설명하자면 역사는 항상 똑같이 반복되는 것은 아닙니다. 상황에 따라 구체적인 시대와 장소가 달라지기 마련이거든요.

    그럼 역사의 반복을 어떻게 파악할 수 있을까요? 그것은 역사를 바라보는 사람이나 집단의 안목에 달려 있다고 할 수 있습니다. 반복되는 것을 찾아낼 수도 있고, 찾아내지 못할 수도 있기 때문입니다.

    백여 년 전의 상황으로 돌아가 볼까요? 그 당시 우리나라는 세계열강의 싸움터였고, 그 싸움의 결과 승자의 논리에 의해 일본의 식민지가 되는 비극을 겪었습니다.

    당시 일본이 우리나라를 식민지로 만들려고 하자 많은 사람들이 이에 저항하며 독립운동을 펼쳤습니다. 그러나 또 다른 사람들은 강대국인 일본이 우리나라를 지배하는 것은 어쩔 수 없는 일이라며 친일파가 되기도 하고, 나라가 식민지화 되고 있는데도 아무런 힘을 쓰지 않고 방관

하기도 했습니다.

왜 이처럼 사람들의 태도가 엇갈렸을까요? 당시 우리나라에서 유행하던 사회 진화론은 '우수한 민족이나 국가는 승리하고, 열등한 민족이나 국가는 패배한다'는 의미를 지니고 있었습니다. 이 의미를 각자의 입장에서 우리 민족의 현실에 적용했기 때문에 커다란 차이가 나타날 수밖에 없었던 것입니다.

경쟁에서 이기려면 우리 민족 스스로가 힘을 기르는 것이 중요하다고 생각한 사람들은 대부분 독립운동과 교육 운동을 전개해 나갔고, 우수한 민족의 지배는 정당한 것이므로 우리는 일본을 당해 낼 수 없다고 본 사람들은 친일파나 방관자로 전락해 버렸습니다.

다시 처음의 논의로 돌아가 봅시다. 역사가 되풀이된다는 것은 오늘날의 상황이 예전과 크게 다르지 않다는 의미입니다. 이라크 파병이나 북한의 핵 문제에 있어 힘이 약한 우리나라가 미국의 눈치를 보고 있는 모습이 이를 잘 말해 줍니다.

이러한 상황에서 우리 스스로 힘을 길러 부강한 나라를 건설하자는 신채호 선생님의 자강론은 남다른 의미로 다가옵니다. 신채호 선생님은 자강을 주장하는 데 그치지 않고 이를 구체적으로 실천하기 위해 다양한 언론 활동과 무장 투쟁을 병행하는 등 민중들을 깨우치고 독립심을 불어넣는 데 온 일생을 바친 분입니다.

여러분이 이 책을 통해 신채호 선생님을 바르게 이해하고 '나'의 편안함에 만족하기보다, 우리 민족이 진정으로 부강한 나라로 발전하기 위해 나아갈 바를 찾게 된다면 좋겠습니다.

그동안 부족한 원고를 끝까지 정리해 주고, 좋은 책을 만들기 위해 노력해 주신 출판사 관계자 여러분께 감사의 말을 전합니다.

2007년 2월

이종란

C O N T E N T S

프롤로그

　우리는 항상 선택의 갈림길에서 갈등을 합니다. 10분만 더 자고 지각을 감수할 것인가, 아침밥을 먹고 여유롭게 학교에 갈 것인가, 점심시간에 농구를 할 것인가 축구를 할 것인가 하는 일상적인 일에서부터, 앞으로 커서 수사관이 될 것인가 게임 프로그래머가 될 것인가, 첫 해외여행을 한다면 이집트가 좋을까 알래스카가 좋을까 하는 아주 먼 미래의 희망 사항까지 끊임없는 선택의 기로에 서게 됩니다. 하지만 점심시간에 농구를 하든 축구를 하든 큰 차이는 없을지 모릅니다. 왜냐하면 모두 내가 원하는 범위 안에서 갈등하고 선택하는 것이기 때문이지요.

　그런데, 이번 경우는 정말 마음이 복잡해지지 않을 수 없습니다. 선택을 위한 갈등이 아니라, 어쩔 수 없는 갈등의 결과로 선택을 하게 되었거든요. 저는 지금 어떤 길로 등교를 해야 하느냐의 문제로 갈등을 겪고 있습니다. 혹시 이런 나의 심각한 갈등에 대해 누군가는 비웃음을 보낼지도 모릅니다. 그러나 아주 심각한 일이 이 등굣길에 숨어 있습니다.

'어느 길로 등교하느냐, 그것이 문제로다!'

우리 아파트에서 학교로 가는 길은 두 가지입니다. 첫 번째는 정문을 통해 큰 사거리를 지나 세 개의 횡단보도를 건너 학교로 가는 길, 그리고 또 하나는 101동과 109동 사이에 난 쪽문으로 나가 골목길을 통해 곧장 학교로 가는 길.

이 두 가지 길 중에 어떤 길을 통해 학교로 갈 것인가에 대한 선택의 고민을 한다는 것은 아주 우스운 일일 것입니다. 왜냐하면 모두들 두 번째 길이 더 빠르고 편한 길이란 걸 알고 있으니까요. 쪽문을 통해 가지 않고 빙 돌아가는 첫 번째 길로 등교한다는 것은 정말 어리석은 일이 아닐 수 없다는 말이지요.

그러나 이제는 그런 등굣길에 대해 고민하며 선택을 해야만 하는 상황이 되었습니다. 왜냐고요?

등굣길을 선택해야 하는 고민은 우리 아파트에 김승기라는 애가 이사

오고 나서부터 시작되었습니다. 김승기는 우리 학교의 '짱'입니다. 공부 짱이 아니라 싸움짱이요. 싸움 짱 김승기가 지나가는 길은 어느 누구도 함부로 지나갈 수가 없습니다. 물론 지나가려면 지나갈 수도 있겠지만, 대신에 승기에게 밉보이게 됩니다. 승기가 시키는 일을 아무 불만 없이 해야 하고 승기가 하는 말에 말대꾸를 하거나 질문을 해서도 안 되지요.

만약, 승기가 개인적인 일로 화가 나 있다 해도 무조건 승기의 기분을 거슬리게 해서는 안 됩니다. 무엇이든 승기에게 트집을 잡히는 날이면 코피가 터지거나 무릎이 깨지는 것 정도는 감수해야 하니까요.

승기가 싸움짱이라는 것은 아이들을 통해서 들었습니다. 그러나 정말 승기가 싸움짱인지는 나도 잘 모릅니다. 한 번도 승기가 싸우는 것을 본 적이 없기 때문이지요. 승기가 무서워 벌벌 떠는 아이들은 많이 보았지만, 정작 승기가 싸우는 모습은 보지 못했습니다. 그래서 아이들이 승기를 무서워하는 것이 가끔은 어리둥절하게 여겨집니다.

어쨌든, 자칭 타칭 싸움짱이라고 으스대며 아이들을 부려먹는 김승기가 정말 싫습니다. 그래서 나는 어쩔 수 없이 가까운 두 번째 길을 포기하고 한참이나 빙 돌아가야 하는 첫 번째 길로 등교를 했습니다. 김승기가 무서워서가 아니었습니다. 그런 녀석과 부딪쳐 싸우고 싶지 않았을 뿐이고, 다른 아이들이 하는 것처럼 승기에게 굽실거리고 싶지도 않았기 때문입니다. 그러나…… 아주 솔직한 마음을 털어놓자면, 싸움 짱이라는 승기와 부딪쳐 싸우고 싶지 않은 것이 아니라, 승기와 맞서 싸울 힘이 나에게는 없다는 것입니다.

나는 아직 누구와도 싸워 본 적이 없습니다. 태권도를 배우러 다니고 또래 아이들보다 급수를 더 빨리 따고 운동을 좋아하는 정도이긴 하지만 그래도 싸움을 해 보지 않았기 때문에 싸움짱이라는 승기가 조금은 두려웠습니다.

그러나 한편으로 김승기의 횡포를 보고만 있어서는 안 된다는 생각이

들었습니다. 누군가 승기의 그런 행동을 바로잡지 않는다면 아무 잘못도 없는 아이들이 승기를 위해 심부름을 하고 아무 이유 없이 맞을 테니까요. 그건 정말 부당하고 억울한 일이잖아요? 그건 정말 옳지 않아요. 그러니 바로잡아야지요. 그런데 누가? 누가 해야 할까요?

'나는 못할 것 같아…… 다른 누군가가 해 줬으면…….'

이런 마음들 때문에 그동안 아이들이 피해를 보고 있었는지도 모르겠습니다. 누군가 하지 않으면 안 되는 일. 하지만…… 그래도…….

결심했어요. 바로 내가 승기의 잘못된 행동을 바로잡겠다고! 생각해 보면 정말 자존심 상하는 일 아니겠어요? 같은 학년 친구인데 왜 누구는 아이들을 지배하며 괴롭히고, 왜 누구는 당하고만 있어야 하냐고요. 더 이상 자존심을 굽히지 않겠어요. 다른 아이들이 모두 승기에게 굽실거려도 나만큼은 절대로 그러지 않겠다고요.

싸움짱 승기에게 코피가 터지고 무릎이 깨져도 결코 굽히지 않고 승기의 잘못된 행동을 바로잡을 거라고요!

"나는 절대 머리를 굽히지 않겠다. 머리 숙여 저들에게 조아리지 않겠다."
겨울밤은 길었다. 촛불을 아껴 책을 읽는 동안 어슴푸레 날이 밝아 왔다. 쫓겨 다닐지언정 게으름을 좇지 않았다. 날이 밝아 오자 제일 먼저 몸을 단정히 하기 위해 세숫물을 떴다. 제자가 꽁꽁 언 얼음을 깨고 담아 온 물에 손을 담그자 손바닥이 쩍쩍 갈라질 듯 고통스런 냉기가 온몸으로 전해졌다. 그는 세숫물을 손으로 모아 얼굴에 갖다 대었다. 물이 주르륵 흘러내려 얼굴에 닿지 않았다. 얼굴에 닿기 전에 물은 주르륵 흘러 소맷부리를 먼저 적셨다. 몇 번을 반복하고 나서야 얼굴에 금세 살얼음이 생겼다. 손바닥으로 얼굴을 비볐다. 얼굴을 씻는 동안 소맷부리엔 작은 고드름이 매달렸다. 물은 소맷부리로 가슴으로 흘러내렸다.
"신채호 선생님, 옷이 다 젖습니다."

머리를 꼿꼿이 세운 채 세수를 하는 선생을 보다 못한 제자가 말했다. 그는
아랑곳하지 않고 세수를 마쳤다.

"비록 물이 소매를 적신다고 해도 나는 이렇듯 머리를 꼿꼿이 세우고 세수
를 할 것이다. 어떤 식으로든 절대 일제 침략자 앞에 머리를 굽힐 수 없다."

그는 결연히 말했다.

"선생님의 뜻은 알겠지만……"

"내 소매가 젖었느냐? 내 가슴이 젖었느냐?"

"예."

"내 소매만 젖은 것이 아니다. 내 가슴만 젖은 것이 아니다. 내 민족 내 조
국이 일제의 침략에 통곡하여 마음을 적시고 대지를 적시고 비통해하고
있다. 그러므로 나는 굽힐 수 없다. 이대로 굽힐 수 없다."

그의 손과 얼굴은 차가운 겨울바람에 벌겋게 얼었다. 아니, 뜨거운 의지로
불타고 있었다.

1

옳은 생각의 힘

 민족을 버리면 역사가 없을 것이며, 역사를 버리면 민족이 자기 나라에
대한 관념이 없어질 것이니 아, 역사가의 책임 또한 무겁구나.

— 신채호

1 승기를 이기는 방법

'그런데! 그런데 어떻게 승기를 이길 수 있을까?'

나는 머리를 벅벅 긁어대며 사정없이 흔들었습니다.

"방법이 떠오르지 않아, 방법이!"

나도 모르게 신문이 활짝 펼쳐져 있는 바닥을 꽝 치며 소리를 질렀습니다.

"방법은 무슨 방법? 일단 신문을 한번 쭉 읽어 보고 난 다음 네가 중요하다고 생각하는 부분에 밑줄을 그으며 다시 읽어 보면 되지. 그리고 질문이 떠오르면 그 질문에 대한 대답을 스스로 하면서 다시 또 읽어 보는 거야. 알았어?"

엄마는 한손에 국자를 들고 내 방까지 들어와 긴 잔소리를 하셨습니다.

"그 방법이 아니라고요!"

답답한 마음에 머리를 또 한 번 흔들어댔습니다.

"그러니까 방법을 찾으려고 꾀를 부리지 말고, 무엇이 문제인지 생각해 본 다음에 네가 할 수 있는 것부터 하라니까!"

엄마도 답답하신지 국자를 마구 휘두르며 말씀하셨습니다.

"아휴, 엄마! 그게 아니라니까요!"

"아니면? 뭐 때문에 그러는데?"

엄마가 눈을 동그랗게 뜨며 다가오셨습니다.

"그러니까……."

나는 대답을 하지 못했습니다. 싸움짱 승기가 등굣길 두 번째 구역을 차지했다는 이야기를 구구절절 말할 기분이 아니었거든요.

"아니에요."

어깨가 축 늘어졌습니다.

"도대체 뭐가 방법이 없다는 거고 뭐가 아니라는 건지…… 어머, 국 넘친다!"

엄마는 한심스럽다는 듯 나를 쳐다보더니 곧 주방으로 달려가셨습니다.

나는 펼쳐 놓은 신문을 건성으로 훑어보았습니다. 이번엔 어떤 기사를 정리해야 할지 또 고민이 되었습니다.

우리 아버지는 신문 기자이십니다. 친구들은 그런 아버지가 있는 나를 부러워합니다. 신문에 나오는 아버지의 이름을 볼 때면 나도 아버지가 자랑스럽지만 불만도 있습니다. 아버지는 기사 때문에 늦게 들어오시거나 아예 밤을 새고 들어오시는 날이 많거든요. 어떤 때는 며칠씩 집을 비우시기도 합니다. 그래서 우리 가족은 다른 집들처럼 주말에 외식을 하거나 교외로 놀러가는 일이 거의 없습니다.

대신 우리 아버지는 주말에 특별한 숙제를 내주십니다. 그것은 바로 신문 기사를 읽고 그 중심 내용을 요약하고 또 문제점을 찾아내어 나름대로 그 답을 작성하라는 것입니다.

학교 숙제에서 벗어날 수 있는 주말마저도 아버지는 특별한 숙제로 특별히 저를 괴롭히십니다. 엄마는 그런 아버지의 숙제를 아주 만족해 하십니다. 학교 공부만이 공부가 아니라 세상을 보는 눈을 넓히는 것도 공부이니 책도 많이 읽고 신문도 많이 읽어야 한다고 말이지요. 게다가 아버지의 특별한 숙제 때문에 게임을 하거나 텔레비전을 보는 시간이 줄었으니 당연히 좋아하실 수밖에요. 괴로움을 겪는 사람은 세상에 나 혼자뿐인 것 같습니다. 안 그래도 승기가 우리 아파트로 이사 온 것 때문에 고민이 이만저만이 아닌데 말이에요.

참, 승기를 이길 수 있는 방법은 정말 없을까요? 아무리 고민을 해 봐도 생각이 나질 않습니다. 승기는 힘도 세고 성질도 고약해서 이겨 낼 재간이 없거든요.

'문제가 무엇인지 생각해 보고 네가 할 수 있는 일부터 해 보는 거야…….'

갑자기 아까 엄마가 하신 말씀이 떠올랐습니다.

"아! 그래!"

나는 무릎을 탁 쳤습니다.

"내가 할 수 있는 일!"

이제껏 어쩔 수 없는 선택이라며 승기를 피해 빙 돌아 등교하는 첫 번째 길을 선택했던 것이 떠올랐습니다. 두 번째 길이 더 빠르고 안전한 길이라고 생각하면서도 말이지요. 그렇다면 내가 더 좋다고 생각하는 길로 가는 것이 첫 번째로 내가 할 수 있는 일이라는 생각이 들었습니다. 승기가 무서워도, 승기와 부딪치더라도 그길로 가는 것, 그것이 가장 먼저 해야 할 일이라고 생각했습니다. 방법은 가까운 곳에 있었습니다.

"역시 엄마랑 나는 잘 통한다니까!"

나는 껄껄대며 큰 소리로 웃었습니다.

"뭐라고?"

주방에서 엄마가 물었습니다.

"아니에요!"

주방 쪽을 향해 말했습니다.

"뭐라고 했니? 선우야, 잘 안 들려!"

엄마가 소리쳤습니다.

"국 냄새가 좋다고요!"

나도 고래고래 소리를 질렀습니다.

"귀청 떨어진다! 나도 내 요리 솜씨가 좋다는 건 알고 있다고!"

주방에서 흥얼거리는 엄마의 노랫소리가 들렸습니다. 나는 혼자 빙그레 미소를 지으며 신문의 여기저기를 펼쳐 보았습니다.

2 언론의 힘

일본 교과서 왜곡, 자기 입맛에 맞춘 역사 평가
일제 강점이 한국의 근대화에 기여······ 침략 전쟁 미화

"또 일본이 문제로군."

일본이 우리 역사를 왜곡하고 있는 것은 비단 교과서뿐만이 아니었습니다. 지난번 독도에 대한 기사를 읽었을 때도 지금과 다르지 않았습니다. 엄연히 독도는 우리나라 땅이고, 우리 국민이 지

키고, 우리의 생명이 자라는 곳인데 왜 자꾸 일본은 독도가 자기네 땅이라고 우기는지 잘 모르겠습니다. 일제 때 창씨개명을 강요했듯 여전히 독도를 다케시마라는 자기네 식 이름으로 바꾸는가 하면, 독도를 시찰하는 배를 띄우겠다는 억지를 부리는 등 정말 이해가 가지 않는 행동을 합니다.

일본은 아직도 우리나라가 식민지였던 그때의 모습일 거라 착각하고 자기 나라가 더 우월하다고 생각하고 있는 것 같았습니다. 역사의 진실을 당당히 밝히고 과거의 잘못된 생각을 반성해야 하는데 말입니다. 나는 새로운 역사를 만들어 가려고 노력하지 않는 일본의 태도에 몹시 화가 났습니다.

사실 나는 국사 과목을 별로 좋아하지 않습니다. 왜냐하면 몇 연도에 무슨 왕이 태어나고 무엇이 만들어지고 어떤 일이 벌어졌으며…… 등등 반복되는 내용들이 너무나 많아서 복잡하고 헷갈리기 때문입니다. 나는 머리가 별로 안 좋은가 봅니다. 국사 과목의 점수를 잘 받으려면 책 내용을 달달달 외워야 하는데 그건 너무 귀찮은 일이라고 생각했고 그러다 보니 점점 재미없는 과목이 되었습니다.

그런데 그 마음이 점점 바뀌어서 지금은 국사가 참 재미있는 과

역사에는 우리 **민족의 철학이**
담겨 있다.

목이라는 생각이 듭니다. 신문을 보고 나서 화가 나는 마음에 일제강점기 시대의 역사를 찾아보았거든요. 너무나 가슴 아픈 일들이 많았고 또한 우리나라를 위해 애쓰신 분들도 많았습니다. 안중근, 이동녕, 이상설, 신채호 선생님 등 독립운동을 위해 연해주에서, 만주에서 고생하신 분들이 참 많더라고요. 조금만 관심을 가지면 더 많은 것들이 보이는 것 같아요. '왜 일본은 우리 땅인 독도를 자기네 땅이라고 자꾸 우기는 것일까?' 하고 호기심을 가졌더니 역사에 관심이 생기고, 호기심을 해소하기 위해 공부를 했더니 국사 과목도 재미있어졌습니다.

우리 엄마가 그러셨어요.

'역사를 공부하다 보면 우리 조상들의 생각이나 철학을 엿볼 수 있단다. 역사를 어떻게 기술하느냐에 따른 생각, 즉 역사관도 깊은 철학을 담고 있다는 걸 알게 되는 거지'라고요. 이 말씀을 들을 때는 무슨 말인가 싶었는데 이제는 조금 알 것 같습니다. 역사에는 우리나라가 담겨 있고 우리는 그 역사를 올바로 알고 지켜야 한다는 거 아니겠어요?

"숙제는 잘돼 가니?"

저녁 준비를 다 하셨는지 엄마가 앞치마를 벗고 내 방으로 들어오셨습니다.

"정말 한심해요!"

절로 한숨이 나왔습니다.

"음……"

엄마는 내가 펼쳐 놓은 신문을 들여다보셨습니다.

"일본은 왜 자꾸만 이렇게 역사를 왜곡할까?"

엄마의 질문에 나는 바로 대답했습니다.

"일본의 이런 어처구니없는 역사 왜곡은 모든 것을 자기네 나라의 입장에서만 생각하고 고집하는 데서 비롯된 것 같아요. 우월주의 같은 거요. 이런 말도 안 되는 내용을 교과서에 실어 놓으면 그 교과서를 보고 자라는 일본 학생들은 정말 그것이 사실이라고 믿을 거 아니에요? 그러면 앞으로 그들의 자손, 또 자손의 자손들은 잘못된 역사를 진실한 역사라고 생각할 게 아니냐고요. 그렇게 될까 봐 걱정이에요. 그건 사실이 아니잖아요?"

내가 흥분해서 말하자 엄마는 조용히 고개를 끄덕이셨습니다.

"그래, 그러니 언론의 역할이 정말 중요한 것 같아."

"치, 엄만 또 아버지를 두둔하려고 하시는 거죠? 사회의 진실을 담기 위해 중요한 일을 하시는 아버지가 좀 늦게 들어오시고 함께 주말을 보내지 못하더라도 이해하라고요."

나는 입을 삐죽거렸습니다.

"호호, 벌써 눈치 챘어? 우리 선우 이젠 신문만이 아니라 엄마 마음도 너무 잘 읽어 버리는걸?"

엄마는 내 어깨를 도닥이셨습니다.

"그렇지만 신문이 얼마나 중요한 역할을 하는지 선우도 잘 알 거야. 진실을 옳게 전하고 그 진실의 힘으로 세상을 바꾸는 것이 언론의 역할일 테니까. 역사를 왜곡하는 일본을 그냥 지켜보는 것이 아니라 그것을 사람들에게 알리고 우리 스스로 우리의 역사를 바로 알고자 하는 뜻을 갖게 만드는 거지."

엄마의 말에 나는 백번 공감했습니다.

"맞아요. 만약 저도 이런 신문 기사를 읽지 않았다면 일본이 우리의 역사를 왜곡했는지에 대해 전혀 생각하지도 못했을 테고 일본의 문화가 우리보다 우월하다고만 생각했을 거예요. 제가 좋아하는 게임은 대부분 일본에서 만들어졌는데 사실 우리나라 게임보다 더 재미있거든요. 그런데 일본의 역사 왜곡을 알게 된 후에는 무조건 일본 문화를 좋아하진 못하겠더라고요. 역사 왜곡이 잘못된 역사의식을 갖게 하는 것처럼 이런 일본 게임이 우리의 문화를 조금씩 갉아먹고 있는 건 아닌지 생각하게 됐거든요."

"우아, 우리 선우가 벌써 그런 생각을 다 했단 말이야? 정말 기특한데?"

"헤헤."

엄마의 칭찬에 머쓱했지만 우쭐한 마음은 감추지 못했습니다.

"그래, 신문이나 방송 매체는 사회의 실상을 알게 해 주고 또 그 문제에 대해 스스로 생각할 수 있도록 도와주니 그 힘은 아주 크지. 특히 올바른 생각을 갖게 도와주는 언론의 힘은 정말 대단한 거야."

"그런데 궁금한 게 하나 있어요. 일본이 이렇게 우리 역사를 왜곡하는 것은 바로 우리가 일본의 식민지였다는 사실에 근거한 거잖아요?"

"그렇지."

"그런데 그 당시에는 왜 우리의 생각과 뜻을 알리지 못했을까요? 지금처럼 언론을 통해 알리면 됐을 텐데."

나는 고개를 절레절레 흔들었습니다.

"왜 안 했겠니? 그렇게 하기 위해 노력한 분들이 많이 계셨지.

일본이 한국의 외교권을 빼앗고 정치, 경제, 군사를 일본의 뜻대로 좌지우지하는 을사조약을 체결하게 되었는데, 이 사실을 알게 된 〈황성신문〉의 주필 장지연 선생은 '시일야방성대곡'이라는 제목으로 일본 군국주의 침략자들의 횡포와 이 조약에 날인한 친일자의 매국적인 행동을 폭로하고 전 국민의 궐기를 호소하는 논설을 발표해서 나라의 힘없음과 일제의 부당함을 알렸지. 음, 또…… 신채호 선생 알지?"

길게 설명 하시던 엄마가 물었습니다.

"네, 일제에 굽히지 않겠다고 꼿꼿이 고개를 들고 세수를 하신 분이잖아요."

"그래, 특히 신채호 선생은 국내 역사책의 잘못된 점을 바로잡고, 일본 군국주의 세력이 우리나라를 지배했던 것을 합리화하기 위해 한국 역사를 왜곡하는 행위에 맞서 역사의 진실을 파헤치기 위해 굉장히 노력을 많이 하신 분이야."

"무슨 신문에 글도 쓰셨다는데?"

엄마의 설명을 들으니 어디선가 얼핏 보았던 내용이 떠올랐습니다.

"그래, 맞아. 신채호 선생은 〈황성신문〉의 논설위원으로 선임되어 당당한 애국적 논설을 발표하기도 했어. 그 당시 신문은 일제의 사전 검열을 받아야 했는데 검열도 받지 않고 평소 몇 배나 되는 부수를 인쇄하여 전국에 배포했지. 이 신문은 민족의 거센 분노를 불러일으켰어."

엄마는 흥분하신 듯 이야기를 하시며 얼굴이 벌겋게 달아오르셨습니다.

"저라도 그랬을 것 같아요! 당장 시위를 벌였을 거예요."

나도 흥분해서 주먹을 꽉 쥐었습니다.

"그래, 네 말처럼 이에 격분한 나머지 자살하는 사람도 속출했고 각지에서 반일 의병 항쟁의 깃발을 올리고 반일 시위가 연일 성난 파도와 같은 기세로 이어졌어."

"그래서요? 우리 민족의 힘을 보여 주었군요?"

"그래, 그렇지만 우리의 힘은 아직 약했어. '시일야방성대곡'을 쓴 장지연 선생은 일본 헌병대에 체포되었고 〈황성신문〉은 발간이 중지되었으니까."

"그래서 더 이상 신문은 우리의 생각과 뜻을 실을 수 없게 되었어요?"

엄마의 말을 듣자 몹시 안타까웠습니다.

"아니, 모든 언론 기관이 일제의 탄압으로 신문을 발행하지 못할 때 영국 자본으로 창설된 〈대한매일신보〉만은 베델이라는 영국인 명의로 발간되었어. 당시 영국과 일본은 동맹 관계였기 때문에 일본이 감히 손을 쓸 수가 없었단다. 그래서 국내의 대부분 언론인들은 대개 이 신문을 근거로 활동을 계속했어."

"그럼 올바른 역사의식을 갖도록 글도 계속 실었겠군요?"

다행이라는 생각이 들자 절로 안도의 한숨이 나왔습니다.

"아까 말했던 신채호 선생은 스물일곱 살의 젊은 나이로 〈대한매일신보〉의 주필로 초빙되었단다. 여기서 애국적인 언론인들과 함께 일본의 대한제국 침략을 규탄하는 논설을 계속 발표하여 일본을 배척하자는 사상을 고취시켰어. 그리고 애국정신을 높이려면 올바른 역사관을 정립할 필요가 있다는 점을 깨닫고 신문에 '독사신론'이라는 논설을 발표해 우리 민족 스스로가 역사를 올바르게 바라볼 것을 주장했어."

엄마의 설명이 점점 어려워지긴 했지만 나는 나름대로 이해하려고 노력했습니다.

"그럼 올바른 역사의식을 갖는 것이 우리나라를 지키는 애국심심과 같다는 얘기네요?"

역사를 통해 **민족**의 자주권을
회복해야 한다.

"그렇지, 신채호 선생은 민족 자주권을 바로 이 역사에서 찾았지."

"엄마 이야기를 듣고 있으니 갑자기 아버지가 애국자처럼 느껴지는데요?"

내 말에 엄마의 눈이 동그래졌습니다.

"신문 기자인 아버지도 사회의 실상을 알려 우리에게 옳은 생각과 판단을 하도록 도와주는 일을 하시잖아요. 옳은 생각을 갖도록 도와주시니까 아버지도 애국자 아닌가요?"

"그렇긴 하지만 애국자는 너무 과장된 것 아니니? 아버지가 들으면 비행기를 너무 높이 태웠다고 하시겠다. 호호호!"

엄마의 웃음소리에서, 엄마가 아버지를 몹시 자랑스러워하신다는 것을 알 수 있었습니다. 자주 늦으시고 집안일은 뒷전이신 아버지가 불만스러웠던 나와는 달리 엄마는 언제나 아버지가 하시는 일이 옳고 중요한 것이라며 아버지 편에 섰던 분이니까요.

"아, 배고파."

시계를 보니 벌써 9시가 다 되어가고 있었습니다.

"아버지 기다리다가 저녁은 또 늦게 먹겠네요."

나는 볼멘소리를 했습니다. 때마침 배에서 꼬르륵 소리가 났습니다.

"엄마도 슬슬 배가 고픈데? 오늘은 우리끼리 먼저 먹어야겠지?"

"'오늘은'이 아니라 '오늘도'예요!"

내가 입을 쭉 내밀자 엄마는 나를 일으켜 식탁으로 데려갔습니다. 아빠와 함께한 주말의 저녁 식사였다면 더 좋았겠지만 엄마의 요리 솜씨 덕에 맛있는 저녁을 먹을 수 있었습니다.

저녁을 먹고 난 후, 나는 주말이면 할 수 있는 컴퓨터 게임을 뒤로 한 채, 역사책을 폈습니다. 엄마가 말씀하셨던 을사조약과 신채호, 그리고 일제 때의 언론에 대해 궁금한 것이 많았기 때문입니다. 호기심은 관심을 낳고, 관심은 적극적인 공부를 낳고, 적극적인 공부는 깊은 생각을 낳고, 깊은 생각은 새로운 앎을 낳는 것 같습니다. 어때요? 멋지지 않나요? 누군가 내게 개똥 철학자 같은 말을 한다고 해도 말이지요. 개똥 철학도 철학은 철학이잖아요? 히히히.

단재 신채호

　우리 역사에서 신채호(申采浩 : 1880~1936) 선생만큼 다양한 활동을 한 분도 드뭅니다. 흔히 선생을 독립운동가, 역사가, 문학가, 사상가, 언론인, 계몽운동가, 교육가, 혁명가 등으로 부르는 것이 그것을 증명합니다.

　선생의 아호는 단재이고, 그 밖에 무애생, 금협산인, 한놈, 적심, 연시몽인이라는 필명이 있으며, 유맹원, 박철, 옥조숭, 왕국금, 윤인원 등의 가명이 있습니다. 우리는 보통 단재 선생이라 많이 부릅니다.

　선생은 1880년 12월 8일 충남 대덕군 산내면 어남리(도리미)에서 농촌의 가난한 선비 신광식과 밀양 박씨 사이에 차남으로 태어났습니다.

　집안이 가난하여 외가가 있는 한밭(대전) 근교 안동 권씨촌 작은 묘막에서 은거 중 출생하여 가난한 어린 시절을 보냈습니다.

　8세 때 아버지를 여의고 난 후 가족과 함께 충북 청원군 낭성면 귀래리(고두미)로 이사하였고, 할아버지가 이 마을에서 연 작은 서당에서 교육을 받았습니다. 워낙 총명하여 14세 때는 《사서삼경》을 독파하여 인근 마을에까지 소문이 자자했습니다.

16세 때 풍양 조씨와 결혼하였고, 18세 때는 목천에 있는 당시 대학자이며 재상이었던 신기선의 집을 드나들며 중국으로부터 수입한 많은 책을 읽고, 얼마 뒤 신기선의 추천으로 서울의 성균관에 입학하게 됩니다. 그러나 후에 신기선이 친일파가 되자 선생은 그를 비판합니다. 비록 은인이라 할지라도 어쩔 수 없는 일이었습니다. 선생은 성균관에 다니면서 서재필 등이 만든 '독립협회'에 가입했습니다. 이때는 '만민공동회'가 열려서 온 서울이 법석을 떨던 절정기였습니다. '만민공동회'에 참가하여 민권 운동을 벌이던 중 회원들과 함께 투옥되었는데, 가입한 지 얼마 되지 않은 터라 곧 석방되었습니다.

22세 때 고향에서 문동학원이라는 교육 기관을 만들고 강사로 있으면서 애국계몽운동을 전개하였고, 1905년 성균관 박사가 됩니다. 그러나 그것마저 뿌리치고 고향에 돌아와 장지연의 권유로 〈황성신문〉 논설위원에 위촉되어 계몽적인 논설을 집필하였습니다.

이때 을사조약을 규탄하는 장지연의 '시일야방성대곡' 사건으로 〈황성신문〉이 강제 폐간되자 〈대한매일신보〉의 주필로 초빙되어 애국계몽운동에 앞장섰습니다.

28세 때 《이태리 건국 삼걸전》을 번역하여 발행하고, 독립운동을 합

법적으로 전개하기 힘들어지자 비밀 결사 단체인 '신민회'에 참가하여 그 취지문을 만들었습니다.

1908년 '대아와 소아' 등을 비롯한 많은 논설을 발표하고 《을지문덕》을 발간하였으며, '성웅 이순신', '독사신론' 등을 연재합니다. 이듬해 《동국거걸 최도전》과 논설을 발표하고, 윤치호, 안창호, 최남선 등과 청년학우회를 발기합니다. 이즈음 선생의 첫 아들 관일이 태어났으나 곧 죽습니다.

1910년 31세 때 '이십세기 신국민'을 발표하고, '독사신론'을 '국사시론'이란 제목으로 〈소년지〉에 발표합니다. 같은 해 4월 8일 국내에서 더 이상 활동할 수 없게 되어 안창호 등과 함께 중국으로 몰래 망명하였고, 실학자 안정복의 《동사강목》을 품고 국경을 넘어 중국 청도를 거쳐 블라디보스토크로 이동하여 〈해조신문〉, 〈청구신문〉, 〈권업신문〉 등을 발간하며 언론 활동을 전개합니다.

이듬해 윤세복, 이동휘, 이감 등과 광복회를 조직하였으며, 1914년 35세 때는 대종교에 입교하여 《조선사》의 집필에 착수합니다. 그리고 남북 만주 일대의 고구려 옛 영토를 떠돌며 광개토왕릉을 답사합니다.

1915년 36세에는 중국 베이징에 머물면서 저술 및 동지 규합에 전념하고, 신규식과 신한청년회를 조직하였으며, 박은식, 문일평과 함께 박달학원을 세웁니다.

다음 해 3월에 중편소설 《꿈하늘》을 집필하고, 1917년에는 조카딸 향란의 혼인 문제로 일시 입국하여 서울로 들어옵니다.

1918년에는 베이징의 보타암에서 《조선사》의 집필에 열중하였고, 〈중화보〉와 〈북경일보〉에도 많은 논설을 발표합니다.

1919년 2월에는 대한독립선언서에 39인의 민족 대표로 서명하였고, 고국에서 3 · 1운동이 일어나자 4월 11일 상하이에서 임시정부 수립에 참여하여, 7월에는 임시정부 제5회 의정원회의에서 전위원회 위원장으로 선출됩니다. 이때 여운형이 일본에 건너간 사건과 이승만이 미국에 우리나라의 위임 통치를 청원한 사건에 대하여 가혹한 비판을 합니다.

그리고 이듬해 상하이를 떠나 베이징으로 가서 독립 군자금을 모집하는 책임을 맡았으며, 당시 유학 중이던 박자혜 여사와 결혼하여 다음 해 1월 맏아들 수범이 출생합니다.

같은 해 4월 심산 김창숙, 물불 이극로 등 동지와 함께 이승만의 위임 통치 청원을 규탄하는 이승만 성토문을 발표합니다.

1922년 43세에는 생활이 극도로 궁핍한 가운데 역사 연구에 정진하고자 가족을 귀국시키고, 조선사 연구에 몰두합니다. 이듬해 1월 상하이에서 의열단의 요청을 받아 조선혁명선언(일명 '의열단 선언')을 기초했습니다. 여기서 민중이 직접 폭력 혁명을 할 것을 주장합니다.

그리고 베이징대학 이석증의 소개로 수개월 동안 중국의 방대한 문헌인 《사고전서》를 섭렵합니다. 이즈음 신채호의 사상은 '민족' 본위에서 '민중' 본위로 관심이 옮겨갑니다.

1925년 46세에는 〈동아일보〉에 조선 역사상 일천년래 대사건 등 역사 연구물을 연재하여 발표하고, 이때를 전후하여 민족 항쟁을 적극적으로 추진하기 위해서는 무정부주의 운동이 필요함을 느끼고 관심을 갖기 시작합니다.

1927년 1월에 신간회 발기인의 한 사람이 되었고, 김창숙, 박숭병 등과 잡지 〈탈환〉을 발간하였으며, 9월에 국권 회복을 위한 적극 항생의 필요성에 따라 무정부주의 동방연맹에 가입하고 잡지 〈동방〉을 발간합니다. 이어서 49세에는 혁명 소설 《용과 용의 대격전》을 집필하고 〈탈환〉, 〈동방〉 등의 잡지를 간행합니다. 그리고 무정부주의자들의 북경회의 동방연맹대회에 참여하여 선언문을 작성하였는데, 이 회의에서는 조선에 독립운동의 선전 기관을 설립할 것과 일본인 건축물을 파괴하기 위한 폭탄 제조소를 설치할 것 등을 결의합니다. 이 결의를 실천하기 위한 자금 마련책으로 베이징 우무관리국에 근무하는 대만인 임병문과 협의, 중국인으로 변장하여 활동하는 등 눈부신 행동을 개시하다가 5월 8일경 타이완 기륭항 상륙 직전 일본의 해양출입국 관련 경찰에 붙잡혀 대련으로 호송됩니다.

1929년 법정에서 공판이 개정되고, 이때 차남 두범이 출생합니다. 1930년 51세에 대련 법정에서 10년 실형이 선고되어 뤼순(여순) 감옥에 이감 복역하였는데, 이때 조선 고대사 관계 논문의 대부분이 《조선사연구초》라는 이름으로 출간됩니다.

1931년 52세에 안재홍의 주선으로 〈조선일보〉에 '조선사', '조선상고문화사'를 연재하였습니다. 그리고 1936년 2월 18일, 뤼순 감옥에서 뇌일혈로 의식 불명 상태가 된 후, 2월 21일 오후 4시 20분, 57세의 나이로 순국하였습니다.

이렇게 선생은 조국 광복을 위한 파란만장한 삶을 살았습니다. 자신을 위해서는 한순간도 편하게 살지 못한 선생의 업적과 사상은 나라를 사랑하는 많은 사람들의 가슴속에 여전히 남아 있습니다.

2

진실에 대한 열망

 바라건대 한국 동포는 민족주의 아래에서 모여, 자신이 속한 나라는
스스로가 지킨다는 말로 부적을 만들어 민족을 보존하자.

— 신채호

1 싸움짱 김승기

아침에 눈을 뜨며 나는 두 가지 중 한 가지를 선택해야 했습니다. 첫 번째 등굣길과 두 번째 등굣길에 대한 선택의 문제가 아니었습니다. 주말 동안 이미 두 번째 길을 선택했으니까요. 그런데 여전히 두려운 마음이 남아 있습니다. 그래서 두 번째 길로 일찍 등교해서 승기를 만나지 않느냐, 아니면 아예 늦게 등교해서 승기를 만나지 않느냐 하는 선택을 하기로 한 것이었습니다.

조금 비겁하긴 하지만, 일단 두 번째 등굣길을 선택한 것만으로도 대단한 시작이라고 스스로를 위로했습니다. 나는 이불을 뒤집 어쓰고 일어날까 말까 또 한참을 고민했습니다. 그러다 이불을 박 차고 일어났습니다.

'그래, 차라리 일찍 가는 게 나아. 매도 일찍 맞는 게 낫다고! 엥? 근데 왜 자꾸만 질 거란 생각을 먼저 하지? 승기를 이기기 위 해 결정한 일인데!'

나는 이를 앙 물고 주먹을 꽉 쥐었습니다.

엘리베이터를 타고 주차장까지 나와서도 마음은 자꾸 갈팡질팡 했습니다. 첫 번째 길로 돌아서 갈까? 두 번째 길로 질러갈까? 돌 아갈까, 질러갈까, 돌아갈까, 질러갈까……

나는 줏대 없는 내 머리를 스스로 쿵 쥐어박고 101동과 109동 사이의 길로 발걸음을 옮겼습니다. 그러나 발걸음은 내 마음과 달 리 아주 더뎠습니다. 나도 모르게 느림보 거북이가 되어 한 발자 국 떼기가 어려웠습니다. 혹시라도 승기를 만날까 두려운 내 마음 을 숨기기 위해서라도 좀 더 당당하게 걷고 싶었지만 마음뿐이었 습니다. 나는 앞뒤를 살피며 그렇게 살얼음판을 걷듯 학교로 향했 습니다. 그때 저편에서 승기의 목소리가 들리는 것이었습니다. 누 군가에게 기합을 주는 소리 같았습니다.

"차렷! 열중 쉬어! 차렷! 하나, 둘, 셋, 넷!"

나는 얼른 골목 옆으로 몸을 숨겼습니다. 그리고 빠끔 저편을 살펴보았습니다. 역시나 네 명의 아이들이 승기를 호위하고 있었고, 기합을 받는 세 명의 아이들이 있었습니다.

"너희들 이 길을 지나가려면 먼저 나에게 신고를 해야 한다는 걸 아직 모르고 있나 본데, 내가 오늘 친절히 가르쳐 줄 테니 잘 배우도록 해라. 알겠나?"

승기가 기합을 받는 아이들에게 명령했습니다. 한 학년쯤 어려 보이는 아이들은 엎드려뻗쳐를 한 채로 '잘못했습니다!' 하고 큰 소리로 대답했습니다.

"너희들에겐 두 가지 죄가 있다. 선배에게 인사하지 않은 죄, 신고도 하지 않고 이 길로 나를 앞질러 간 죄!"

"잘못했습니다!"

합창하듯 아이들이 소리쳤습니다.

"아니, 아니야. 너희들이 그렇게 자꾸 잘못했다고 하면 내가 너무 나쁜 놈 같잖아. 난 너희들이 예의 바른 어린이가 되도록 도와주려고 하는 거니까 그렇게 겁먹을 필요는 없어. 자, 이제 얼른 일어나라."

승기의 말에 아이들이 벌떡 일어났고, 승기 주변의 아이들은 그런 모습으로 기합 받는 행동이 우습다는 듯 큰 소리로 웃었습니다. 아이들은 여전히 겁에 질린 듯 다리를 달달 떨고 있었습니다.

"내가 누구인지는 알지?"

승기는 옆에 있는 아이에게 고갯짓을 했습니다. 옆에 있는 아이는 우리 반의 철민이었습니다. 철민이는 좀 말라서 약해 보이지만 목소리가 굵어서 어른스럽기도 합니다.

"에헴, 얘로 말할 것 같으면…… 아니, 이분으로 말씀드릴 것 같으면, 바로 싸움짱, 승기짱이시다!"

기합을 받던 아이 중 한 명이 싸움짱 승기에 대해 이미 알고 있는 듯 갑자기 '네!' 하고 대답했습니다. 다른 아이들도 덩달아 차렷 자세를 가다듬었습니다.

"됐어, 됐어. 뭐 다 알고 있겠지. 그럼 다 알고 있으니까 본론으로 들어가서……."

아이들은 바짝 긴장한 모습이었습니다.

"너희들의 잘못을 바로잡고 예의 바른 아이들이 되도록 하기 위해 내가 이 시간을 마련했으니까 너희들이 내 뜻을 잘 이해하고 따르리라고 본다."

승기는 제법 어른스런 말투로 이야기했습니다.

"첫째, 너희들은 이제부터 나를 형님이라고 부른다!"

"네, 형님!"

아이들은 자동으로 대답했습니다. 마치 무슨 영화에 나오는 폭력배처럼 보였습니다.

"둘째, 여기 있는 이 작은 형님들은 승기파이시니 잘 받들어 모신다. 어떻게? 바로 이 작은 형님들을 만나면 가방을 들어 드리도록 해라."

"네."

아이들의 대답에 승기를 호위하고 있던 네 명의 아이들이 입이 찢어져라 좋아했습니다. 그러고 보니 승기의 가방도 그 아이들 중 한 명이 들고 있었습니다.

"셋째, 오늘의 일을 기념해서 너희들의 작은 정성을 받도록 하겠다. 내일까지 나에게 선물을 한 가지씩 가져오도록. 뭐, 학용품이나 시계도 좋겠고, 초콜릿이나 과자 같은 것도 괜찮고, 그것도 아니면 좀 성의는 없어 보이지만 현금을 줘도 상관없으니까 어쨌든 너희들이 정성을 다해 선배에게 선물을 한다고 생각하고 가져오면 된다. 알겠나?"

"네……."

아이들은 승기의 말에 어리둥절한 듯 서로를 바라보며 말꼬리를 흐렸습니다. 승기가 갑자기 발을 구르며 소리쳤습니다.

"알겠나?"

"네!"

아이들이 놀라서 큰 소리로 대답했습니다. 승기는 눈을 부릅뜨며 땅바닥의 흙을 집어 아이들에게 뿌리며 소리쳤습니다.

"다시 한 번, 알겠나?"

"네! 형님!"

아이들은 뿌연 흙먼지를 뒤집어쓴 채 대답했습니다.

"자, 너희들!"

승기가 주변을 에워싼 아이들을 불렀습니다.

"어, 승기짱!"

"너희들 가방 재들한테 줘라. 재들이 학교까지 들어다 줄 거야. 그리고 언제든지 심부름시켜도 돼. 만약에 말을 듣지 않으면 나한테 말하고."

"응, 알았어. 헤헤!"

왼쪽 눈 옆에 점이 난 아이는 뭐가 신나는지 자꾸 헤헤거렸습니다.

"자, 그럼 가자. 학교 늦겠다. 모름지기 학생이란 지각을 해서는 안 되는 법이지. 자, 출발!"

승기의 지시에 승기파 아이들은 가방을 한 학년 후배에게 맡기고 승기를 앞에 내세워 학교를 향해 걸었습니다. 옷에 묻은 흙을 털어 낸 아이들은 자신들보다 더 큰 형들 뒤에서 가방 두 개씩을 메고 뒤따라갔습니다.

나는 아이들의 모습이 눈에서 사라질 때까지 골목에서 나오지 못했습니다. 발걸음이 떨어지지 않았습니다. 승기의 나쁜 행동을 직접 본 충격도 컸지만, 그것을 지켜볼 수밖에 없었던 자신에 대해서도 실망이 컸기 때문이었습니다.

승기와 승기 주변의 아이들, 그리고 그들에게 기합을 받았던 아무것도 모르는 어린아이들이 오랫동안 눈앞에서 사라지지 않았습니다. 그리고 지난 주말에 읽었던 역사책의 한 장면이 드라마처럼 펼쳐졌습니다.

승기는 마치 일제 시대의 일본인처럼 자신을 우월하게 여겼습니다. 승기짱이라는 말로 자신을 최고로 칭했고, 자신의 뜻을 따르는 아이들을 스스로 승기파라고 말했습니다. 승기파 아이들은 자신들의 이름은 뒤로 하고 승기파로 뭉쳐 승기의 그림자 아래 서는 것을 당연하게 생각했습니다. 승기의 힘을 등에 업고 자신들이 누리는 불편한 행복을 최대의 행복으로 착각한 채, 죄책감도 없이 어린 후배들에게 가방을 던져 놓는 모습이 너무나 안타까웠습니다.

일본은 우리 민족을 억압하면서도 자신들이 어리석은 민족을 잘살게 해 주기 위해 애를 쓰는 것처럼 행동했습니다. 민족의식을 없애기 위해 우리말을 사용하지 못하게 했고 생활 방식 또한 일본의 것을 따르도록 했지요. 일본이 말했던 것처럼 우리를 잘살게 만들어 주기 위해서가 아니라 우리를 마음껏 부려먹고 지배하기 위해서였다는 것을 힘없는 우리 민족은 알면서도 굴복할 수밖에 없었습니다.

힘없는 어린 후배들이 부당하게 승기 앞에서 무릎을 꿇고 기합을 받을 수밖에 없으며, 당치도 않은 예의를 운운하며 승기 마음대로 아이들을 부리려는 모습에 나는 가슴 한구석이 아프고 또 부끄러웠습니다.

우리가 역사를 잘 알고 있지 못해 역사가 주는 교훈을 마음속에 잘 새겨 넣지 못했다는 생각이 들었기 때문입니다.

신채호 선생은 약육강식의 논리로 한국을 침략함은 물론, 식민지화시켜 자신들의 지배 야욕을 정당화하려는 일본의 잘못된 역사관을 바로 알리고, 우리 민족의 정신을 올바르게 일깨워 스스로 독립을 위해 강하게 일어서야 한다고 주장하였습니다. 결국 일본을 이기기 위해 역사를 바로 알아야 한다는 것이 그의 철학이었습니다. 바로 그런 역사를 통해 민족의 자주권을 주장한 신채호 선생의 교훈이 생각난 것은 그나마 내게 용기를 주었습니다.

승기의 말은 왜곡된 역사처럼 잘못된 것이었습니다. 강자인 자신이 약자인 어린 동생들을 부리는 것은 약육강식의 논리로 한국을 침략해 식민지로 만든 일본과 크게 다를 바 없는 행동입니다. 선배로서 예의를 가르친다며 기합을 주었던 행동은 자신의 이익을 정당화하기 위한 잘못된 행위임에 분명하니까요.

나는 승기와 아이들이 사라진 골목길을 따라 힘없이 학교로 향했습니다.

일제의 탄압에서
벗어나려면 우리 민족
스스로가 **강해져야 한다.**

2 진실을 말하다

하굣길에 나는 또 갈등을 하지 않을 수 없었습니다. 단순히 승기가 다니는 두 번째 길로 가겠다는 선택 외에 또 다른 결단이 필요했습니다. 일본의 잘못된 역사관을 알리고 우리 민족의 정신을 올바르게 일깨워 스스로 독립을 위해 투쟁할 용기를 복돋워 준 신채호 선생이 그랬듯 잘못된 승기의 행동을 아이들에게 알릴 필요가 있다는 생각이 들었습니다. 나는 일단 친한 친구인 석호와 진수에게 오늘 보았던 일을 자세히 설명했습니다.

"사실 나는 너희 아파트에 살지 않기 때문에 승기를 만날 일이 없거든……."

석호는 말꼬리를 흐렸습니다. 승기와 마주칠 일이 없으니 상관하고 싶지 않다는 뜻인 것 같았습니다.

"그렇지만 그런 행동을 하는 승기가 잘못되었다는 것은 너도 인정하잖아?"

나는 석호를 물끄러미 바라보았습니다.

"그건 그렇지만 싸움짱인 승기한테 잘못 걸리면 우리도 그 애들처럼 기합을 받을지 모르잖아."

여전히 석호는 승기가 두려운 모양이었습니다.

"진수야, 우리 함께 힘을 모아 승기가 잘못된 행동을 하고 있다는 것을 말해 주자."

이번엔 진수를 바라보며 말했습니다.

"……."

진수 또한 별다른 반응이 없었습니다. 진수 역시 승기가 두려운 모양이었습니다.

"승기가 아무리 잘못된 행동을 했다고 해도 우리가 승기에게 말해 주는 건 아무 소용이 없을 것 같아. 승기 주변에 승기를 따르는

우리 민족이 **힘**을 **합쳐**
일본의 탄압에 **저항**해야 한다.

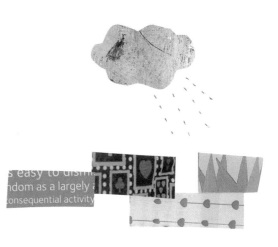

아이들이 많은데 어떻게 우리 셋이서 승기를 이길 수 있겠니?"

진수는 한숨을 내쉬며 말했습니다.

"그렇다고 가만히 있으면 우리는 승기의 뜻대로 움직일 수밖에 없어. 승기가 다니지 못하게 하는 길로는 다닐 수도 없고 어쩌다 마주치기라도 하면 승기가 우리에게 심부름을 시키잖아. 거기다 물건이나 돈을 요구하면 그대로 줄 수밖에 없다고. 우리뿐이겠어? 아무것도 모르는 어린 후배들까지 피해를 보게 되잖아? 그러니까 우리가 먼저 나서서 바로잡는 게 옳지 않겠냐고?"

"그건 그래, 그렇지만 어떻게?"

석호는 나를 물끄러미 바라보았습니다.

"우선 많은 아이들에게 승기의 잘못된 행동을 알리자. 잘못된 행동이 무엇인지 알고 있어야 승기를 바로잡을 수 있지 않겠어? 아이들은 단지 승기가 싸움짱이라는 사실만으로 승기를 두려워하고 있단 말이야. 승기가 자신의 이익을 위해 아이들을 괴롭히고 있다는 사실은 모르는 척하면서 말이야. 승기의 잘못된 행동을 알게 된다면 많은 아이들이 우리 생각에 동의할 테고 그렇게 해서 우리의 힘이 강해지면 승기 역시 아무 힘도 쓰지 못할 거야."

"과연 그럴까?"

진수는 고개를 갸우뚱했습니다.

"주말에 내가 역사책을 읽었는데, 일제 때 우리 민족도 일본에게 그런 부당한 억압을 받았대. 힘없는 민족은 더 강한 나라에게 지배될 수밖에 없다는 잘못된 역사 인식 때문에 우리는 어쩔 수 없이 식민지가 된 거라고 생각했던 거야. 그런데 일제가 자신들의 이익을 위해 우리 민족을 탄압했다는 사실이 알려지자 우리 민족은 힘을 합쳐 저항을 했고 앞장서 투쟁했던 독립 운동가들이 있어서 우리나라가 독립을 할 수 있었던 거라고. 똑같다고는 할 수 없지만 그때의 일본의 행동이나 지금 승기의 행동은 다를 바가 없는 것 같아. 우리가 언제까지 승기의 눈치를 보며 살아야 하니? 그리고 아무 죄도 없이 승기에게 맞고 심부름을 해 줘야 하는 거야?"

나는 거침없이 말했습니다. 석호와 진수도 고개를 끄덕였습니다. 그때 우리 반 친구 철민이가 우리 곁에 다가왔습니다. 소위 승기파에 속하는 아이였지요. 그렇지만 철민이 역시 나와 3학년 때 같은 반이었고 한때는 친한 친구였습니다. 나는 철민이에게 조심스럽게 우리 생각을 전했습니다. 철민이는 한참 동안 말이 없었습니다.

"넌 승기의 행동이 옳다고 생각하는 거야?"

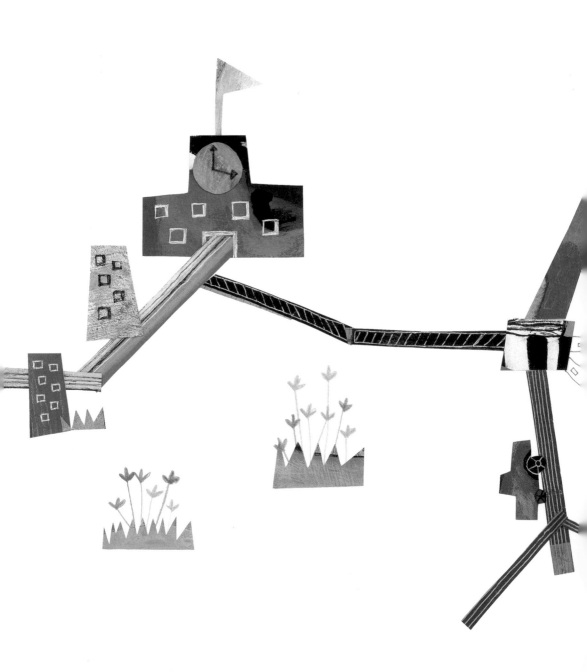

옳다고 생각하는 길로
꿋꿋이 걸어 나가야 한다.

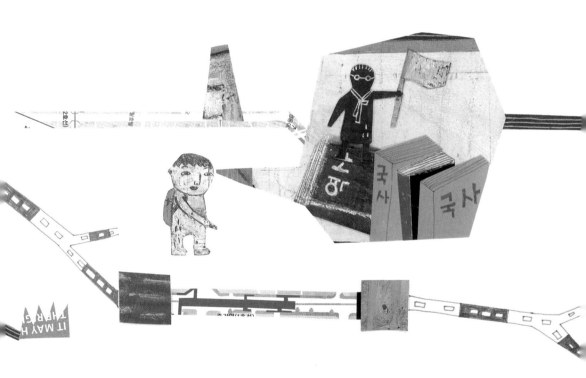

내가 대뜸 묻자 철민이는 곤란한 표정을 지었습니다.

"꼭…… 그렇다는 건 아니지만……."

"너는 승기 편이니까 그렇지?"

석호가 다그쳤습니다.

"아니야, 승기 편은 아니야. 그냥 승기와 같이 다니는 것이 편해서 그래. 만약 내가 승기와 함께 다니지 않았다면 나도 언젠가 승기에게 맞거나 심부름을 해야 할지도 몰라. 그렇지만 내가 승기의 말을 잘 들어주니까 승기 덕에 무거운 가방을 들고 다닐 필요도 없게 됐고, 또 종종 승기가 맛있는 것도 사 주고 그러거든. 괜히 승기에게 잘못 보였다가는……."

철민이는 머리를 긁적였습니다.

"그게 잘못된 행동이라는 걸 알면서 그런단 말이지?"

승기만큼이나 철민이의 행동 또한 잘못된 것이었습니다.

"……."

"승기의 잘못을 바로잡기 전에 나는 철민이 너의 행동부터 바꿔어야 한다고 생각해. 너 역시 잘못된 것을 알면서도 사실을 말하지 않는 것은 승기와 별반 다를 게 없어. 사실대로 말하고 옳다고 생각하는 것을 행동하는 것이 당연하지 않아?"

나는 조금 화가 난 목소리로 말했습니다. 철민이도 나의 말에 화가 났는지 굵은 목소리가 더 커졌습니다.

"넌 왜 그걸 당연하다고 강요하는 거니? 그리고 싶어도 하지 못하는 상황도 있는 거잖아. 사실 난 승기 편에 서는 것이 불편하지도 힘들지도 않아. 오히려 이게 더 마음 편해. 네 말대로라면 난 예전처럼 승기 앞에서 불안하고 두려울 거야. 그냥 내버려 둬, 상관 말라고!"

철민이는 화를 내며 자리를 박차고 뛰어나갔습니다. 철민이가 떠난 자리에 우리는 우두커니 서 있었습니다. 철민이의 행동에 가슴이 무겁고 머리가 복잡해졌습니다. 그러나 한 가지 분명한 것은 승기와 철민이의 행동은 정말 잘못된 것이라는 사실이었습니다. 철민이의 행동을 지켜본 석호와 진수도 나와 같은 생각을 하였습니다. 그래서 우리는 일단 다른 아이들에게 승기의 잘못된 행동에 대해 알리고 우리와 같은 생각을 하는 아이들을 더 모으기로 했습니다. 그래서 우리의 뜻을 전하기로 한 것이지요.

집으로 돌아오는 길, 나는 첫 번째 길로 갔습니다. 승기에 대해 좀 더 깊이 생각해 보아야 했고, 또 내가 어떻게 나의 생각을 효과적으로 전달하여 승기를 이길 수 있을 것인지에 대해 오랫동안 고민을 해야 했기 때문입니다. 방법은 잘 떠오르지 않았지만 문득 신채호에 대해 공부를 더 해 보면 답이 나올 것도 같았습니다. 잘못된 역사를 바로잡고 나라의 독립을 위해 노력했던 신채호 선생의 모습을 살펴보면 조금은 도움이 되지 않을까요?

나는 이미 승기를 이긴 양 기분이 좋아지고 의기양양해졌습니다. 만약 승기를 진정으로 이기고 변화시킨다면 첫 번째 길로 가든 두 번째 길로 가든 별 차이가 없을 테니까요. 나는 꼭 잘못된 승기의 행동을 바로잡고야 말겠습니다.

사회진화론

　사회진화론(社會進化論)은 영국의 생물학자인 다윈의 진화론을 스펜서와 헉슬리 등이 인간 사회에 적용시켜 사회와 국가 간의 경쟁에까지 확대 해석한 것입니다.

　사회진화론은 사회적 다윈주의라고도 하는데, 종족과 사회 집단이 생물처럼 생존 경쟁을 하여 진화한다고 보는 것을 말합니다. 즉 집단 간의 경쟁이 문명과 문화를 발전시키는 원인이 된다는 것입니다.

　이렇게 되면 경제 · 군사적으로 강한 나라가 힘이 약한 많은 나라나 민족을 침략하여 지배하게 됩니다. 그리고 자신들은 문명국가이고 그렇지 못한 나라는 미개한 야만국으로 취급하여, 문명국이 야만국을 점령하여 개화시키는 것을 당연한 것으로 생각합니다. 일본이 남의 나라를 침략하는 제국주의를 자연스러운 것으로 옹호한 것도 같은 맥락입니다.

　이 진화론은 처음에는 일본으로부터 받아들여졌으나, 1900년대부터 중국인이 쓴 글의 번역을 통하여 대중화되었습니다. 중국에서는

청일전쟁 이후 엄복(嚴復)이라는 사람이 헉슬리의 이론을 번역한 《천연론(天演論)》(1898년 간행)과 《군학이언(群學肄言)》(1903년 간행), 양계초(梁啓超)의 《음빙실문집(飮氷室文集)》(1903년 간행)이 들어와 널리 읽혀졌습니다.

특히 양계초는 언론인으로서 사회진화론만이 아니라 서양의 사상을 중국에 대중화시켰는데, 그가 접한 지식은 직접 서양에 가 본 것이 아니라 주로 일본을 통해서였습니다.

이로 인한 계몽적 역할은 중국뿐만 아니라 조선에도 큰 영향을 미쳤는데, 박은식·장지연·신채호 선생은 양계초의 이런 사상의 영향 아래 계몽 운동을 펼치게 됩니다. 그래서 이들도 신문이나 협회, 그리고 교육 활동을 통하여 애국계몽운동을 펼쳤습니다. 그래야만 우리도 부강하게 되어 식민지화 되어 가는 나라를 구할 수 있다고 생각했기 때문입니다.

우승열패

경쟁에서 지는 생물은 없어지거나 사라진다는 이론을 '자연도태(自然淘汰)'라고 부릅니다. 마찬가지로 우수한 민족이나 나라는 승리하고 열등한 민족이나 나라는 패배한다는 생각이 우승열패(優勝劣敗)입니다. 바로 사회진화론의 논리 가운데 하나이지요.

이런 이론은 얼핏 보면 맞는 것 같습니다. 그러나 이것은 어디까지나 강한 자의 논리입니다. 쉽게 말해 '억울하면 출세하라' 는 속담과 같은 논리이지요. 처음부터 출발이 다른데 어떻게 약한 것이 하루아침에 강하게 되어 약한 것을 이기겠습니까?

그러니까 강한 것이 약한 것을 지배할 수밖에 없다는 논리가 가능한 것이고, 여전히 몇몇 일본인이나 친일파들은 그런 이론으로 일본이 조선을 지배했던 것을 당연한 것으로 여기고 있습니다.

3

작은 나와 큰 나

 나라를 사랑하려거든 역사를 읽어라.

— 신채호

1 승기에게 당했어!

문제가 터지고 말았습니다. 내가 아이들을 모아 승기와 승기를 따르는 무리들의 잘못을 따지고 다니며 비방한다는 것을 안 승기가 나를 가만두지 않겠다고 이를 갈고 있다는 이야기를 전해 들은 것입니다.

승기는 내가 자신에게 대적할 만한 힘이 없으니 나서지 못하고 아이들을 모아 근거도 없이 자신을 모략하고 다닌다고 공공연히 말했다고 합니다. 그런 잘못된 생각을 바로잡기 위해 본때를 보여 줘야 한다며 급기야 문제를 일으킨 것입니다. 바로 승기와 같은 반인 내 친구 진수를 때린 것이지요.

진수는 영문도 모른 채 갑자기 날아오는 승기의 주먹을 그대로 얼굴에 맞았는데 샛노란 별이 하늘에서 빙글빙글 돌았다고 합니다. 정신이 들었을 때는 이미 다른 아이들이 승기 편에 서서 쓰러진 진수를 내려다보고 있었답니다. 진수는 맞은 얼굴이 아픈 것보다 승기 편에 서 있던 많은 아이들의 그림자 때문에 더 두려움을 느꼈다고 합니다.

"주먹이 두려운 게 아니었어."

진수의 얼굴이 잔뜩 일그러졌습니다.

"승기한테 맞은 건 고작 한 대지만, 마치 몽둥이찜질을 당하는 것 같은 고통과 두려움이 느껴져서 더 힘들었어. 내 주변을 둘러싼 아이들의 그림자가 내 가슴을 힘차게 짓누르고 있었으니까. 차라리 승기의 행동에 대해 모른 척했더라면……."

"어떻게 알면서 모른 척할 수 있겠어?"

얼굴이 벌겋게 부어오른 진수를 보니 승기에게 더욱 화가 치밀었습니다. 승기의 주먹에 쓰러진 진수를 돕지 않고 승기 편으로 우르르 몰려간 아이들에게도 몹시 화가 났습니다. 앞으로도 자기의 마음에 들지 않으면 언제든 주먹을 휘두르고, 약한 아이들의 마음을 이용해 심부름을 시키거나 돈을 빼앗을 승기를 생각하면 더더욱 참을 수 없었습니다.

"정말 이대로는 있을 수 없어. 오늘 너희들이 본 진수의 모습이 앞으로 우리들의 모습이 될지도 몰라. 우리가 계속 승기의 행동을 모른 척한다면 말이야! 이제 분명해졌지? 왜 우리가 승기의 잘못을 알리고 승기를 이겨야 하는지를 말이야."

나는 주먹을 불끈 쥐었습니다. 우리와 뜻을 같이하는 아이들은 고개를 끄덕였습니다. 그러나 슬그머니 자리를 떠나는 아이도 있었습니다.

나는 왠지 슬픈 마음이 들었습니다. 승기의 생각과 같지 않다고 해서 맞은 진수, 그리고 승기 곁에서 비위를 맞추며 몰려다닐 수밖에 없는 아이들, 슬그머니 자리를 피하며 모른 척, 아닌 척 무관심한 아이들이 모두 안타까웠습니다.

2 시일야우방성대곡

아무리 이야기를 해도 아이들은 승기의 커다란 덩치가, 교활한 행동이, 나중에 있을 복수가 두려운가 봅니다. 나는 이런 생각을 하던 중에 '시일야우방성대곡'이 생각났습니다. 시일야우방성대곡은 신채호가 〈대한매일신보〉에 쓴 논설입니다. 〈황성신문〉에 기고한 '시일야방성대곡'은 장지연이, 시일야우방성대곡은 신채호가 쓴 것으로, 두 글이 서로 다르다는 사실도 이번에 처음 알았습니다. 신채호는 대단한 논설가였고, 우리 아빠처럼 멋있는 언론인이기도 했대요.

시일야우방성대곡은 '아! 슬프다! 우리 민족 나의 동포여!'로 시작합니다.

아! 슬프다! 우리 민족 나의 동포여!

오늘날의 정경이 참으로 가련하고 슬픈 일이오!

용암이 끓어오르듯 가슴에서 울부짖는 내 목소리가 내 나라 내 땅, 조선이 아닌 타국의 하늘에서 울려 퍼지는 것이 더욱 슬프오.

북경 거리를 집 잃은 어린아이처럼 헤매며 먼 산을 바라보듯 아득한 내 나라를 바라보았소. 이미 거리는 짙은 어둠 속으로 사라지고 있었으므로 어디에도 내 나라는 보이지 않았소. 일제의 주먹에 흠씬 두들겨 맞아 피멍이 든 가슴만이 내 조국을 부르짖으며 울고 있었다오.

아, 4천 년 조국이 지금은 쓸쓸한 곳으로 변하였고, 2천만 형제가 괴롭고 고통스럽게 되었으니 어찌 통곡하며 울지 않을 수 있겠는가.

…… 앞으로 하와이의 이민과 같이 미국 영토에 붙어 살까, 블라디보스토크의 유민과 같이 러시아 땅에 예속할까. 천지간에 나라 없는 백성은 어디에 살든지 노예는 고사하고 생명을 보전하기도 어려울 것이오.

백 번을 생각하고 천 번을 생각해 보오. 우리 동포를 죽음에서 구하는 방법, 그것은 학문 이외에 다른 방책이 없으니 시간을 헛되이 보내지 말고 바로 오늘부터 학문에 힘써 보도록 하오. 당장 신문을 보고 독서를 합시다.

우리 동포를 죽음에서 구
하려면 **학문에**
힘써야 한다.

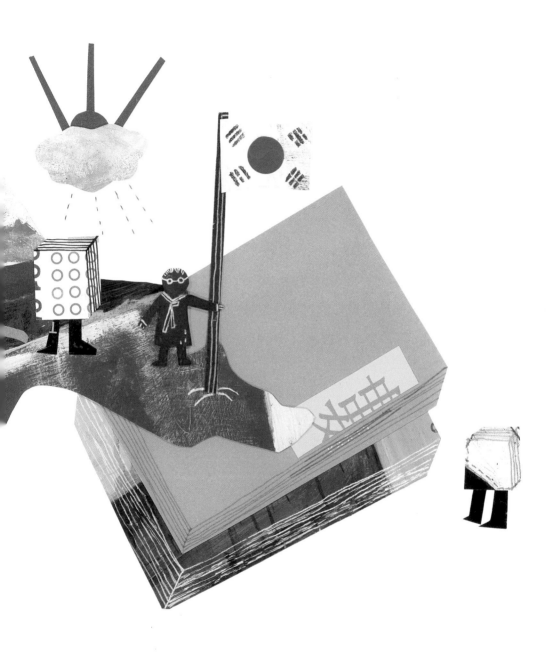

…… 불행과 행복도 바람과 같은 것, 오늘 우리가 슬퍼서 흐느끼는 모양이 변하여 다음날 기뻐 웃으며 즐거워하는 모양이 되는 것은 필연이라오.

자, 우리 어서 다시 일어섭시다!

내 조국, 나의 동포여!

나는 이 문장을 다시금 읽어 보았습니다.

'아! 슬프다! 우리 반 친구, 나의 벗이여! 자, 우리 어서 다시 일어섭시다! 그래서 다시는 승기에게 당하지 맙시다!'

아아, 나는 독립 운동가로 태어났어야 했나 봅니다.

3 '나'를 발견하다

"선우야!"

나는 깜짝 놀라 뒤를 돌아보았습니다. 엄마가 쟁반에 과일을 들고 서 계셨습니다.

"무슨 생각을 그렇게 골똘히 하기에 엄마가 부르는 소리도 못 듣고 책상을 내리치니? 깜짝 놀랐잖아."

"아······."

나는 손에 쥐고 있던 연필을 내려놓았습니다. 손에는 땀이 배어 있었습니다.

"무슨 근심 있니? 얼굴빛이 좋지 않은데?"

엄마가 과일을 집어 건네주셨습니다.

"엄마, 만약에요. 누군가 잘못을 했어요. 그래요, 분명 잘못한 행동인데 그걸 모른 척해야 하나요? 아니면, 고치도록 말해 줘야 하나요? 그러니까 왜 모른 척하려고 하냐면, 그 애는 힘이 아주 세서……."

나는 머리를 흔들었습니다.

"뭐가 그리 복잡하고 횡설수설이니?"

엄마는 뭔지 아시겠다는 표정으로 입가에 미소를 지으셨습니다.

"선우야, 이제 이실직고해. 너 뭔가 엄마에게 하고 싶은 말이 있는 것 같은데? 오랫동안 고민했던 그 일 말이야."

"그 일? 알고 계세요?"

"아니, 그냥 찍었어. 뭔지는 모르지만 네가 오랫동안 무엇인가에 빠져 고민하고 있다는 느낌을 받았거든. 널 내 배 속에 열 달이나 넣고 있었고 또 지금까지 키워 왔는데 그런 것쯤 모를까? 호호."

역시 엄마는 뭐든 긍정적이신 것 같아요. 나는 잔뜩 심각하고 고민스러워 말하지 못했던 것인데 아무렇지도 않게 내 마음을 끌어 내 주시니까요. 사실, 싸움짱이니 뭐니 하는 말을 들으면 혹시 엄마가 나도 싸움이나 하는 말썽쟁이로 아실까 걱정되어 말하지 않으려고 했는데 엄마한테 내 고민을 털어놓으면 답이 나올 수도 있겠다는 생각이 들었습니다. 그래서 나는 승기에 대한 이야기를 했습니다.

등굣길에 대해 고민했던 일, 승기의 행동을 지켜보게 된 일, 그래서 우리의 무리를 만든 일, 진수가 맞은 일, 갈팡질팡하는 아이들의 모습에 관한 이야기까지. 엄마는 한참 동안 내 이야기를 심각한 얼굴로 들어주셨습니다. 눈썹을 치켜뜨셨다가 고개를 끄덕였다가, 어머 하며 놀랐다가 손을 만지작거리셨다가 하면서 말입니다.

"사실, 고민이 많아요. 승기의 잘못된 행동을 알고 있으면서 바로잡아 주지 못하는 것은 승기가 힘이 세기 때문이에요. 그런 승기를 모른 척하고 그냥 내 생활만 하면 되는 것인지, 한판 붙어서라도 승기의 잘못을 말해 줘야 하는지 말이에요. 아마 내가 이렇게 고민하고 있어서 아이들도 갈팡질팡하는 것 같아요."

"음, 엄마가 너에게 어떻게 하라고 해답을 내려 줄 수는 없구나. 네가 처음에 등굣길 때문에 고민하며 스스로 결정했던 것처럼 네가 할 수 있는 일을 네 스스로 선택할 수밖에."

"에이, 그런 말은 나도 하겠다! 그런 말을 들으려고 엄마한테 긴 시간 동안 장황하게 설명한 게 아니라고요."

엄마에게 조금 서운한 생각이 들었습니다. 엄마에게 다 털어놓고 나면 뭔가 대책이 있을 줄 알았기 때문입니다.

"어머, 선우가 엄마한테 실망했나 보네? 엄마는 선우 네 이야기를 들으며, 갈등했던 아이들의 모습이 모두 우리 선우의 모습이 아닐까 생각했어. 승기의 힘을 빌리고 싶은 마음, 승기를 모른 척하고 싶은 마음, 승기를 이기고 싶은 마음 모두 다 말이야. 우리는 어떤 갈등의 순간 속에서 종종 여러 명의 나를 만나게 되지."

엄마는 천천히 말씀하셨습니다.

"그래서요? 그래서 여러 명의 나를 만나는 것으로 끝이에요? 그건 저도 충분히 고민했다고요. 그런 여러 마음의 나 때문에 괴로웠고요. 그래서 엄마에게 도움을 청한 건데……."

여전히 실망스러운 마음을 감추지 못한 채 이야기했습니다.

"흠, 엄마가 어떻게 하라고 방법을 말해 줄 수는 없을 것 같아. 네가 충분히 더 고민한 후 해결해야 할 문제니까. 대신 엄마가 이런 이야기 하나 들려 줄게. 지난번에 언론의 중요성을 이야기하다가 말했던 신채호 선생 기억나니?"

"네, 물론이죠."

"신채호 선생은 '나'를 '큰 나'와 '작은 나'로 보았어. 작은 나는 육체를 말해. 바람이나 물거품과 같이 잠시 존재하다 없어지는 것이지. 사람의 육체는 유한하니까. 이것은 정신적인 내가 아닌 물질적인 나야. 이러한 육체적인 작은 나를 실제의 나로 오해하면 반드시 죽고 마는 내가 된다고 신채호 선생은 말했어. 많이 살아야 백 년도 채 넘기지 못하는 게 사람이니까.

'개인적, 경험적인 나는 작은 나로서 이것은 잠시 있는 것이고, 영원한 것이 되지 못합니다'라고 말한 신채호 선생은 사람들이 이런 물질적이며 육체적인 작은 나를 기준 삼아 부귀공명을 추구하는 것을 비난했단다."

"그럼, '큰 나'는 정신을 말하겠네요?"

"우아, 우리 이선우 제법 똑똑한데?"

엄마는 내 머리를 쓰다듬어 주셨습니다.

"뭘, 그 정도는 다 아는 상식이지요. 보통 육체와 정신을 대비시키잖아요."

"그래, 신채호 선생은 '큰 나란 나의 정신이며, 나의 사상이며, 나의 목적이며, 나의 주의이다'라고 말했어. 무한히 자유자재한

'큰 나'는 나의 정신이며
나의 사상이며 나의 목적이며
나의 주의이다.

나로서 이것은 동서고금 우주 간에 어디에나 존재하여 누구에게도 구속되지 않고 무엇으로도 없앨 수 없는 것이라고 말이야. 그리고 신채호 선생은 '나라를 위하여 눈물을 흘리며, 사회를 위하여 피를 흘리며, 원수를 향하여 칼을 들고 일어나는 것이나, 모욕자를 향하여 대포를 끌고 모여드는 자들, 이 모든 것이 결국은 다 나이며 나의 발현이다' 라고 했어."

"우아, 독립 운동가여서 그런가요? 개인적인 것보다는 나라를 위해 내가 존재해야 한다는 것처럼 들려요."

"그렇단다. 신채호 선생은 우리가 육체적인 존재보다 정신적인 존재여야 한다는 것, 개인적인 존재보다는 사회적, 국가적인 존재여야 한다는 것을 강조했어."

"그런데 누구나 그런 생각을 하기란 쉽지 않을 것 같아요."

"그렇지. 그러니까 자아를 자신의 육체라는 한정된 것으로부터 확대시켜 점차 사회나 국가, 민족으로 확대시켜야 한다고 주장한 것이지."

엄마의 설명에 나는 한참 동안 생각에 잠겨 있었습니다.

"큰 나, 작은 나?"

4 '나'와 '나 아닌 것'

엄마는 계속해서 이야기를 들려 주셨습니다.

"신채호 선생은 진정한 '나'를 발견하는 것을 중요하게 생각했어. 또한 올바른 역사에 대한 철학이 뚜렷한 분이셨지. 선생은 역사란 '나와 나 아닌 것의 투쟁'이라고 보았어."

"뭐가 그렇게 어렵죠? 너무 철학적이라 어려운가요?"

나는 절로 한숨이 나왔습니다.

"간단히 말하면 무릇 주인의 위치에 선 것을 '나'라 하고 그 밖의 것을 '나 아닌 것'이라 하는데, 이를테면 조선 사람은 조선을 '나'라 하고, 영국·미국 등은 '나 아닌 것'이라 하겠지? 재산이 없는 사람들은 비슷한 계층의 사람들을 '나'라 하고, 부자들은 '나 아닌 것'이라 하고 말이야."

"나와 나 아닌 것?"

점점 머리가 복잡해졌습니다.

"여기서 '나'는 한 개인이 아니라 민족이나 집단을 단위로 하기도 해. 그러니까 작은 내가 아니고 큰 내가 되는 것이겠지? 나를 어디까지 확대하는가에 따라 역사의 주체가 결정되는 거야. 물론 신채호 선생은 처음에는 민족을 '나'로 삼아 역사의 주인으로 놓았지. 나중에 가서는 역사의 주체, 곧 주인을 민족이 아닌 '민중'으로 놓았단다. 이때 민중은 우리 민족뿐만 아니라 세계의 억압받는 모든 민중을 말해. 역사의 주체를 보다 보편적으로 넓힌 것이지. 그는 '나 가운데 나와 나 아닌 것이 있고, 나 아닌 것 가운데 나와 나 아닌 것이 있다'고 말했어."

"나 가운데 나와 나 아닌 것이 있고, 나 아닌 것 가운데 나와 나 아닌 것이 있다?"

정말 심오한 철학이네요. 어리둥절해하는 나에게 엄마가 좀 더 자세히 설명해 주셨습니다.

"너의 마음속에 여러 가지 네가 있었는데 아마 그 가운데 '나'와 '나 아닌 것'이 있지 않았을까?"

"……."

마음속으로 계속 나와 나 아닌 것에 대해서, 그리고 작은 나와 큰 나에 대해서 생각해 보았습니다. 내가 '작은 나'가 아닌 '큰 나'가 되어야 한다면, 문제를 일으키지 않고 편하게 지내기 위해 승기에게 빌붙거나 승기의 잘못된 행동을 모른 척해서는 안 됩니다. 승기의 옳지 못한 행동을 고칠 수 있도록 나서야 하는 것이지요.

큰 나 속에 나와 나 아닌 것이 있다면, 승기와 싸우되 승기 개인을 이기기 위한 싸움은 하지 말아야 하고, 승기가 이기적인 행동으로 다른 사람에게 피해를 주지 않도록, 다시는 어느 누구에게도 그런 일이 일어나지 않도록 하기 위해 싸워야 할 것입니다.

휴, 여기까지 생각하고 나니 나도 마치 신채호 선생처럼 역사에 대해 그리고 나에 대해 굉장한 철학을 가지고 있는 것처럼 느껴졌습니다. 나는 가슴 저 밑에서부터 뜨거운 돌덩이가 솟아오르는 것 같아 두 손을 굳게 잡았습니다. 아주 조금씩 나는 큰 나를 만나고 있었습니다.

자강론

사회 진화론의 '우승열패' 논리에 따르면 경쟁에서 이기려면 반드시 스스로 강해질 수밖에 없습니다. 그래서 당시 우리도 서양 여러 나라나 일본처럼 강하게 되어야 한다는 생각을 갖게 되었습니다. 학교도 세우고, 신문사도 세우고, 열심히 배우고 익혀 강해지는 운동을 하게 된 것입니다. 이렇게 스스로 '부강한 나라'를 만들자는 논리를 '자강론(自强論)'이라고 합니다.

원래 '자강(自彊 또는 自强)'이라는 말은 《주역》에 나오는 말이지만, 그 말을 국가끼리 경쟁적으로 시행하는 부국강병(富國强兵: 나라를 부유하게 하고 군대를 강하게 만드는 것)에 사용했던 것입니다.

스스로 강하게 되려면 물건을 많이 만들어 파는 실업(實業)을 일으키고 국민들의 생각이 깨어나야 하는데, 그러기 위해서는 교육을 중시하지 않을 수 없습니다.

그럼 교육을 통하여 무엇을 기르려고 했을까요? 바로 지식과 도덕과 체력입니다. 지금도 대부분의 학교에 '참되게(도덕), 슬기롭게(지

식), 튼튼하게(체육)' 라는 교훈이 많은데, 바로 이 당시에 정해진 것이 지금까지 전해지고 있는 것이랍니다.

이렇게 실업이나 교육이나 언론을 통하여 스스로 강해지자는 운동을 '자강 운동' 이라 하며, 신채호나 장지연, 박은식 선생 같은 분들은 당시 언론이나 교육을 통하여 자강 운동에 앞장선 분들입니다.

애국계몽운동

자강 운동이면서 개화 운동 중 하나가 바로 애국계몽운동(愛國啓蒙運動)입니다. 애국계몽운동도 사회진화론의 영향을 받아, 우리 스스로 깨어나 스스로 강해지지 않으면 부강할 수 없고, 부강할 수 없으면 독립할 수 없다는 절박한 상황 인식에서 생겨난 운동입니다.

이전에도 갑신정변이나 갑오개혁 같은 개화 운동이 있었지만, 민중들의 호응이 없어 실패로 끝난 것을 경험한 지식인들은 민중들을 가르치고 계몽하여 나라의 독립을 이룩하고자 하였습니다. 개화 운동의 방식이 바뀐 것이지요.

민중들을 계몽하기 위해 학교를 세우고, 신문사를 만들어 새로운 소식을 알리고 논설을 발표하였으며, 또 각종 협회나 단체를 만들어 사람들의 생각을 바꾸려 노력했습니다. 이러한 운동을 애국계몽운동이라고 부릅니다.

 특히 신채호나 박은식 같은 분들은 신문사를 통해 언론 활동과 교육 운동을 전개했고, 우리가 강해지기 위해서는 우리 것들 가운데 가치 있는 것을 찾아야 한다고 생각해 우리 민족의 영웅인 이순신이나 을지문덕 같은 분들의 전기를 써서 널리 알렸습니다.

 그러나 이러한 운동은 일제의 간섭과 방해로 성공을 거두지 못했고, 1910년을 전후해 뜻있는 지식인들은 해외로 망명하거나 지하로 숨었으며, 귀족들이나 일부 부자들은 친일파로 전락하였습니다.

4

스스로 강해지기

역사는 나와 너의 투쟁이다.

— 신채호

1 정당한 싸움

"네가 이선우냐?"

누군가 등 뒤에서 나를 불렀습니다. 나는 걸음을 멈추고 뒤를 돌아보았습니다. 승기였습니다. 그러나 승기 혼자만이 아니었습니다. 승기 주변에는 아이들이 몰려 있었습니다. 순간 지난번 진수가 느꼈을 두려움이 밀려왔습니다. 그러나 어제 어머니가 말씀해 주신 신채호 선생님의 이야기가 떠올라 두려움이 조금씩 밀려갔습니다.

"그래, 내가 이선우야. 너 승기 맞지? 김승기."

"잘 알고 있군. 그럼 내가 바로 싸움짱 김승기라는 것도 알고 있겠네?"

승기가 입을 삐죽거리며 웃었습니다.

"물론, 들어보긴 했는데 정말 네가 싸움짱인지는 모르지."

"뭐라고?"

승기가 불끈 화를 냈습니다.

"솔직히 네가 정당하게 싸워 본 일이 있니? 그래서 이겨 본 적이 있어? 너는 어떤 이유로든 정당하게 싸우는 일은 없었어. 싸움이라는 것 자체가 정당할 리가 없으니까. 그러니까 네가 말하는 '싸움짱'이라는 말은 애초에 없는 말이지."

'와!' 어디선가 감탄사가 흘러나왔습니다. 아이들이 웅성거리며 점점 모여들었습니다. 어느새 진수와 석호도 곁에 와 있었고, 우리와 뜻을 같이했던 아이들이 몰려와 운동장엔 승기와 나의 편이 양쪽으로 갈라진 채 무리 지어 섰습니다.

운동장은 오늘따라 넓어 보였습니다. 휑하게 불어오는 바람 때문인지, 곧 어떤 일이 벌어질지 모르는 긴장감 때문인지 알 수 없었습니다.

"너 정말 본때를 봐야 내가 누군지 알겠구나?"

승기의 눈에서 빛이 나오는 것 같았습니다. 그 빛은 날카롭게 나의 가슴을 찔렀습니다. 순간 두려움이 파도처럼 밀려왔다 밀려갔다 했습니다. 그러나 나는 다시 한 번 용기를 내어 말했습니다.

"너의 행동이 잘못되었다는 걸 인정하고 아이들에게 사과해. 그리고 앞으로 그런 짓을 하지 않겠다고 약속한다면 나는 싸움 같은 건 하지 않아."

앗! 내가 먼저 싸움을 운운하다니요? 정말 승기가 싸움이라도 걸어오면 어쩌려고? 나는 순간 실수를 했다고 생각했습니다. 그러나 이미 내뱉은 말이니 어쩔 수 없습니다. 오히려 당당히 맞설 수밖에요. 이렇게 된 이상 더 강하게 나가야겠지요?

오! 맙소사…… 이제 승기의 주먹이 날아온다 해도 어쩔 수가 없습니다. 하느님, 부처님, 천지신명님, 그리고 신채호 선생님! 제게 힘을 주세요!

"하하하! 너 정말 웃기는구나? 그렇게 함부로 말하는 걸 보니 겁이 없거나 아니면 나한테 맞아 보고 싶은 거구나."

승기는 어이없다는 듯 웃었습니다. 그러나 그것은 그냥 단순한 비웃음이 아니었습니다. 큰소리로 화를 내는 것보다도 더 화가 난

옳지 않은 일에는
맞서 싸워야 한다.

비웃음이었습니다. 승기의 말에 나는 주먹을 꽉 쥐었습니다. 드디어, 결전의 순간이 오고 있다는 것을 알았습니다. 이번엔 이를 앙 물고 승기를 노려보았습니다. 승기의 주먹이 날아오기 전에 내가 먼저 승기를 쳐야 한다고 생각하면서 말이지요.

 내가 이 순간 싸움을 한다면 정당한 싸움이 될 것입니다. 승기를 이겨 싸움짱이 되고 싶은 '작은 나'를 위해서가 아니라, 승기에게 괴롭힘을 당하고 두려워하는 모든 아이들을 위한 '큰 나'가 싸우는 것이기 때문입니다. 나와 나 아닌 것의 투쟁! 그것은 승기와 나의 싸움이며, 정의와 불의의 싸움입니다. 곧 새로운 역사가 시작될 것입니다. 나는 힘차게 고함을 질렀습니다.

"으악!"

 비명 소리와 함께 먼지가 풀썩 날아올랐습니다. 아이들이 '우우우!' 하면서 소리를 질렀습니다. 아이들도 먼지처럼 풀썩거렸습니다. 먼지 때문인지 아이들의 모습이 뿌옇게 보였습니다. 아이들이 손을 들어 나를 환호하는 것처럼도 보였고, 검지를 들어 나를 조롱하는 것같이도 보였습니다. 나는 머리를 흔들며 눈을 비볐습니다. 왼쪽 눈이 얼얼했습니다.

 "어때? 한 대 맞아 보니 정신이 좀 드냐? 네가 감히 나한테 까

불어?"

승기가 의기양양 나를 내려다보았습니다.

그러나 나와 나 아닌 것의 투쟁은 멈출 수가 없습니다. 왜? 역사는 끊임없이 앞으로 앞으로 흐르니까요. 나는 지금 역사의 한 페이지를 위해 싸우는 것입니다. 너무나 정당한 싸움이지요.

"이야야야야!"

나는 재빠르게 일어나 승기에게 달려들었고, 승기와 엉킨 채로 함께 넘어졌습니다. 그 틈을 타서 나는 승기를 타고 앉았습니다. 그리고 있는 힘껏 승기를 내리쳤습니다. 승기의 비명 소리에 아이들도 덩달아 비명을 질렀습니다. 그러곤 어느새 '승기 이겨라! 선우 이겨라!'를 외치며 응원을 하기 시작했습니다.

승기가 나의 팔을 꺾었습니다. 아파서 움찔하는 사이 승기가 일어났습니다. 나는 때를 놓쳐서는 안 될 것 같아 승기의 다리를 붙잡고 늘어졌습니다. 승기의 발길질이 이어졌습니다. 몇 대는 맞고 몇 대는 피하면서 나는 주먹으로 승기의 가슴을 내리쳤습니다. 엎치락뒤치락 젖 먹던 힘까지 짜내서 싸웠습니다.

설마, 이러다 죽지는 않겠지요? 이대로 죽는다면 역사는 끝이 납니다. 그래서는 안 되지요. 더 큰 뜻을 이루어야 하지 않겠어요? 주말에 아버지와 외식도 해야 하고, 중학교도 가야 하고, 결혼도 하고 싶고, 신채호 선생님만큼은 아니더라도 큰 나가 되어 훌륭한 사람이 되는 걸 엄마에게도 보여 줘야 하는데 말이에요.

"우우우우!"

"아아아아!"

아이들의 함성 소리, 승기와 나의 거친 숨소리, 그리고 뿌옇게 일어나는 운동장의 먼지까지 한데 섞여 한참이나 데굴데굴 굴렀습니다. 그때 어디선가 호루라기 소리가 '게임 오버'를 외치는 소리처럼 들려왔습니다. 싸움을 지켜보던 누군가가 선생님께 이른 모양이었습니다. 멀리서 선생님이 오시는 모습을 아이들이 일제히 바라보았습니다. 그러자 아이들은 약속이라도 한 듯, 두 무리로 나뉘어져 쏜살같이 달아났습니다. 나와 승기도 같은 극의 자석처럼 떨어져 각자의 무리 쪽으로 뛰었습니다.

2 스스로 강해지는 법

우리는 아파트 단지 내의 놀이터로 몰려왔습니다.

"괜찮니?"

아이들이 나를 둘러싸고 걱정스러운 듯이 물었습니다. 그때서야 나는 온몸이 욱신욱신 쑤셨습니다. 콧물이 나오는 듯해서 쓱 문질 렀더니 코피였습니다. 팔꿈치에서도 피가 났습니다. 나는 여기저 기를 살펴보았습니다. 옷이 아주 더러워졌습니다. 정말 거지꼴이 따로 없었습니다.

"너, 눈이 많이 부었어."

누군가 말했습니다. 그리고 보니 눈 주위가 아팠습니다.

"괜찮아?"

또 누군가 물었습니다. 어깨도 아픈 것 같았습니다. 그렇지만 아픈 척해서는 안 될 것만 같았습니다. 내가 아프다고 하면 아이들이 크게 실망할 것만 같았기 때문입니다.

"너희들 똑똑히 봤지? 응? 나만 맞은 거 아니다? 승기도 많이 맞았다고!"

나는 코피를 옷소매로 닦았습니다.

"그래, 승기도 코피 터졌어. 처음 네가 한 대 맞고 나서 승기가 세 대 정도 맞았을걸?"

석호가 내 옷을 털어주며 말했습니다.

"호루라기 소리만 아니었으면 끝장을 봤을 텐데!"

진수는 지난번 승기에게 맞았을 때가 생각나서인지 싸움의 끝을 보지 못한 것이 아쉬운 모양이었습니다.

"더 싸웠으면 이 꼴보다 더 했을걸?"

지민이의 말에 석호는 나를 훔쳐보며 지민이에게 눈치를 주었습니다.

"아니야, 지민이 말이 맞아. 더 싸울 필요는 없어. 싸웠다는 것만으로도 이긴 거나 다름없으니까. 승기가 싸움짱이라고 해서 모두들 겁을 먹었지만, 난 부딪쳤잖아? 싸워 보니 싸울 만했어. 너희들이 봤듯이 말이야. 승기는 다른 아이들과 별반 다르지 않아. 그 애가 더 싸움을 잘하지도 않았고 말이야. 승기는 자기 마음대로 아이들을 부려먹으려고 싸움을 내세웠던 것이지 정말 싸움짱은 아닌 거였어. 싸움짱이란 말에 아이들이 먼저 겁을 먹도록 한 것뿐이라고."

싸움짱인 승기와 대적해 싸운 나 스스로가 자랑스러웠습니다. 비록 많이 맞았지만 싸워 볼 만했습니다.

"맞아, 맞아!"

아이들이 맞장구를 쳤습니다.

"어쨌든 나는 날 위해 싸운 게 아니야. 우리 모두를 위해 싸운 거야!"

내가 우쭐대며 말했습니다.

"그래, 이선우 정말 대단한 용기야!"

석호가 내 등을 툭 쳤습니다. 나는 감격한 나머지 눈물이 나올 지경이었습니다. 아이들이 내 마음을 알아준 것이 고맙기도 했고, 무언가 해냈다는 뿌듯한 마음이 들기도 했기 때문이었습니다.

"난 작은 나가 아니야, 큰 나라고!"

"선우 네가 큰 건 아니지. 중간 정도 아니냐? 크기로 말하면 승기가 더 큰데……."

키가 큰 경인이가 제 키와 견주어 나의 키를 재보는 흉내를 냈습니다.

"대체 무슨 말들을 하고 있는 거야?"

"그러게? 뭐가 큰 나고 뭐가 작은 나라는 건지. 그리고 그게 키 얘기야?"

아이들이 알 수 없다는 표정을 지으며 웅성거렸습니다.

"에잇, 그런 게 있어."

나를 빤히 쳐다보는 아이들을 향해 나는 괜히 기분이 좋아져 웃었습니다. 아이들도 덩달아 따라 웃었습니다. 웃을 때마다 얼굴이 여기저기 아팠습니다.

"근데……."

"왜?"

지운이의 말에 모두들 쳐다보았습니다.

"앞으로 어쩌지?"

지운이는 여전히 걱정스러운 표정이었습니다.

"뭘?"

나는 궁금했습니다.

"앞으로 승기가 가만있겠어? 다음에 만나면 우리 모두 죽는 거 아니야? 선우뿐만 아니라 우리도 모두!"

지운이의 말에 몇 명은 겁을 먹은 듯했고 몇 명은 설마하는 표정이었습니다.

"너희들 언제까지 승기를 두려워할 거니? 내가 왜 오늘 승기와 싸운 줄 모르겠어?"

나는 아이들에게 화가 난 목소리로 말했습니다.

"난 승기를 이겨 너희들에게 칭찬을 받으려고 싸운 게 아니야. 그동안 승기의 행동이 옳지 못했다는 것을 알리기 위해 싸운 거야. 내가 승기를 이겼다고 해도 승기를 무시하거나 얕잡아 보라고 하는 것이 아니라고! 우리가 두려워했던 상대는 잘못되었으며 또 우리가 무엇인가 이겨 내려면 스스로 강해져야 한다는 걸 보여 주고 싶었던 거야."

내가 진심으로 마음을 담아 이야기하자 아이들은 내 말을 경청해 주었고 이해하는 듯했습니다.

"스스로 강해져야 한다고?"

슬범이가 물었습니다.

"그래, 1895년 명성황후가 일본인들에게 살해되었는데……."

나는 혼잣말인 양 중얼거렸습니다.

"갑자기 그건 무슨 소리야? 명성황후는 사극 드라마에나 나오는 얘기 아니야?"

"가만있어 봐! 그래서 그게 어쨌는데?"

아이들이 왁자지껄 떠들어댔습니다. 나는 아랑곳하지 않고 말을 계속했습니다.

"살해된 명성황후의 시신마저 불태워진 사건을 을미사변이라고 해. 그 이듬해 을미사변에 놀란 국왕이 스스로 궁궐을 버리고 러시아 공사관에 몸을 의탁한 건 아관파천이라고 하고."

누군가 나의 말을 가로챘습니다.

"야, 이선우! 넌 지금 그 꼴을 하고 꼭 잘난 척을 해야겠냐? 명성황후가 어쩌고 아관파천이 어쩌고…… 지금 네 꼴이 더 불쌍하다!"

"하하하! 정말."

아이들은 흙먼지를 뒤집어쓰고 여기저기 멍투성이인 내가 우스워 보였는지 자꾸 나의 말을 걸고 넘어졌습니다.

"그런 모든 일들이 왜 일어났는지 알아?"

나는 아랑곳하지 않고 계속 말했습니다.

"그건 모두 외국 세력과 그 외국 세력에 결탁한 정부 내의 파벌 싸움 때문에 일어난 거야."

조금은 멋쩍지만 시작을 했으니 끝을 맺어야지요.

"그래서 지금 승기와 네가 싸운 게 무슨 역사적 의미라도 있다는 거야?"

지민이가 피식 웃었습니다.

"신채호의 역사관을 넓게 보면 그럴 수도 있지."

지민이가 엥, 하며 눈을 동그랗게 떴습니다. 아마도 지민이가 장난으로 한 말에 내가 그렇다고 대답을 하니 의아했나 봅니다.

"어쨌든 신채호는 무슨 일이 있어도 외세가 이 땅에 발붙일 수 없도록 해야 한다고 굳은 결의를 세웠어. 그래서 독립협회에도 가입하게 된 거고."

"독립협회는 나도 알겠다. 들어본 것 같아."

"뭔가 장황해지는데?"

아이들은 갑작스럽게 꺼낸 나의 말에 여전히 어리둥절해했습니다.

"그런 노력이 왜 필요했겠니?"

독립을 하려면 스스로
부강해져야 한다.
자·강·운·동

진지하게 시작한 말이었지만 아이들의 표정이 재미있어 장난스럽게 물었습니다.

"야, 물어보지 마. 머리가 아프려고 하신다. 난 무슨 역사 얘기나 공부 얘기만 나오면 머리에 막 쥐가 나거든? 그냥 너 하고 싶은 말이나 해."

지민이의 말에 모두들 웃었습니다.

"그 모든 노력은 열강의 침략에 맞서 우리의 힘으로 독립 국가를 이루고자 한 거야. 다른 나라의 힘을 빌려서가 아니라 바로 우리의 힘으로!"

나는 갑자기 흥분해서 말했습니다.

"그래서? 결론부터 말해라! 스스로 강해진다는 게 무슨 뜻이야?"

석호가 나섰습니다.

"그렇게 우리의 힘으로 독립 국가를 이루려면 스스로 부강해져야 해. 그게 바로 자강 운동이지."

"자강 운동?"

이번엔 진수가 물었습니다.

"외세의 침략으로부터 독립하려면 스스로 강해져야만 한다는 뜻이지."

"그러니까 선우 네 말은 우리가 승기를 이기려면 우리 스스로의 힘을 먼저 키워야 한다는 거야?"

석호의 말에 내가 무릎을 쳤습니다.

"바로 그거지."

"네 말대로라면 지금 당장 태권도 학원부터 다녀야겠네? 아령도 좀 들고 말이야."

지민이가 빈정댔습니다.

"꼭 그래야 강해지니? 우리 스스로 옳은 것을 주장할 수 있는 마음이 먼저 필요하다는 얘기를 하고 싶은 거였어. 승기를 이기기 위해서, 그리고 더 이상 폭력을 만들지 않기 위해서. 우리가 강해지면 승기는 자기 자신의 오만에서 벗어나겠지. 안타깝지만 누구든 자기보다 더 강한 자 앞에서는 약해지기 마련이거든."

"듣고 보니 그러네. 우린 그동안 승기의 잘못을 알면서도 그 아이가 변하기만 바랐지, 우리가 먼저 승기를 변화시키려 하지 않았잖아? 누군가 먼저 승기에게 강하게 주장했더라면……."

석호는 정말 안타까워하는 표정이었습니다.

"맞아, 생각해 보니 우리 스스로 약자라고 생각하고 있었던 것 같아. 오늘 선우 네가 승기와 싸우는 걸 보면서 생각한 건데, 왜 그동안 우리는 함께 힘을 모아 승기의 잘못된 행동을 말리지 못했을까?"

진수 역시 동감했습니다.

"스스로 강해지는 법을 잘 몰랐기 때문이지, 뭐. 사실 나도 잘 몰랐거든. 그래서 고민도 많이 했고."

"그런데 어떻게 그런 생각을 하게 됐어?"

지민이가 물었습니다.

"음, 너희들도 내가 기자 아버지 때문에 특별히 해야 하는 숙제 알고 있지?"

나와 친한 아이들은 모두 내가 해야만 하는 특별한 숙제에 대해 너무나 잘 알고 있습니다. 주말이면 몰려다니며 놀다가도 숙제 때문에 헐레벌떡 집으로 돌아가는 것을 많이 보아 왔으니까요.

"지난번에 신문에서 일본의 교과서 왜곡에 관한 기사를 읽게 됐어. 역사의 진실을 잘못 인식하고 그것이 옳은 것처럼 말하는 일본의 태도에 정말 화가 났지. 그래서 일제 때의 언론 활동에 대해 알게 되었고, 또 애국 논설을 쓴 신채호에 대해 공부하다가…… 큰 나와 작은 나를 알게 되었고…… 또, 역사란…… 나와 나 아닌 것……."

"됐어, 됐어!"

장황해지는 얘기에 지운이가 손사래를 쳤습니다. 두서없이 불쑥 신채호가 어떻고 역사가 어떻고 하니 이해하지 못할 수밖에요.

"야, 넌 기자 아버지 덕에 우리보다 더 많은 걸 알게 됐구나! 정말 좋겠다."

"뭐가 좋아? 난 선우처럼 주말에도 숙제를 해야 된다면 아무리 많은 걸 알게 돼도 싫겠다. 일주일 내내 공부했는데 일요일은 좀 쉬어야 하는 거 아냐?"

"맞아, 쉬라고 학교도 안 가는데 또 숙제라니?"

"그래도 우리가 모르고 있던 걸 알고 새로운 것을 깨달았잖아. 그래서 승기와 당당히 싸우기도 한 거고."

"어쨌든 난 역사는 싫어."

"뭐, 네가 좋아하는 공부가 있었냐?"

"지금, 그 얘기를 하는 게 아니잖아!"

아이들은 서로 아옹다옹 횡설수설 왁자지껄 떠들어댔습니다.

"어쨌든!"

내가 소리쳤습니다. 시끄럽게 떠들던 아이들이 일제히 나를 쳐다보았습니다.

"이제 승기를 두려워하지 않는 것부터 시작해서 나 스스로 강해지겠어."

"나도 나 자신부터 강해질 거야."

"나도!"

"그래, 나도 그럴 거야."

아이들은 마치 독립 운동가들이 굳은 결의를 하듯 입을 모아 힘차게 말했습니다.

"이제 선우 넌 가만히 있어. 다음에 승기와 싸우게 되면 내가 싸울게. 두려울 게 뭐 있냐? 아까 보니까 승기도 별거 아니던데?"

경인이가 나섰습니다.

"맞아, 내가 싸워도 이기겠더라, 뭐."

석호가 맞장구를 쳤습니다.

"에이! 그건 아니다."

지난번 승기에게 맞아 본 적이 있는 진수가 말했습니다.

"하하하!"

자신감이 붙은 아이들의 웃음소리에 놀이터가 떠나갈 듯했습니다.

"아아!"

갑자기 석호가 내 얼굴을 만지는 바람에 나도 모르게 소리를 질렀습니다.

"근데 너 안 아프니?"

석호가 여기저기 내 몸을 찔렀습니다.

"아아아! 아프단 말이야. 만지지 마!"

"이선우, 근데 너 입은 안 아픈가 보다? 왜 그렇게 말을 잘하냐?"

"하하하! 그러게!"

아이들의 웃음소리에 나도 덩달아 웃었는데 그것이 웃음소리인지 신음 소리인지 분간할 수 없었지만 기분만은 좋았습니다.

3 다시 만난 승기

두 번째 길에서 승기를 마주치는 일은 없었습니다. 내가 일부러 승기를 피해 다니는 것도 아닌데 말입니다. 그렇다고 설마 승기가 나를 피해 다른 길로 다니겠어요?

어쨌든 그날 싸움 이후로 승기가 아이들에게 시비를 걸거나 심부름을 시키거나 돈을 빼앗는 일 같은 건 하지 않았다고 합니다. 그러나 아직도 승기 주변엔 승기를 따르는 아이들이 많습니다. 물론 나를 따르는 아이들도 많았기 때문에 나는 그냥 친구들이 끼리

끼리 모여 다니는 것쯤으로 생각하기로 했습니다. 그런데 한 가지, 승기는 여전히 그 싸움에 대해 자기중심적인 생각을 버리지 못한 것 같습니다. 승기는 지난번 싸움에서 나를 봐준 것뿐이라는 소문을 내고 다녔습니다.

"사실 내가 보기에도 좀 그런 것 같아."

우리는 수업이 끝나면 자연스럽게 모여 함께 하교했습니다. 그때 교문을 나서며 지민이가 말했습니다.

"뭐가?"

석호가 가방을 빙글빙글 돌리며 말했습니다.

"승기가······."

나도 지민이의 말이 궁금해 물끄러미 쳐다보았습니다.

"승기 말이야, 싸움짱이라는 말이 괜히 나왔겠어? 싸움을 잘하니까 그런 이름도 붙는 거지. 지난번에 선우랑 싸울 때 정말 좀 봐줘서 비긴 거 아닌가?"

"뭐야?"

빙글빙글 돌리던 가방으로 석호가 지민이의 어깨를 툭 쳤습니다.

"아야야! 아니, 뭐 내가 먼저 그랬냐? 승기가 그랬다잖아. 자기가 선우랑 싸울 때 쬐그만 것이 덤비는 게 귀여워서 좀 봐줬다고."

지민이는 솔직하게 말한 것이 좀 억울한 모양이었습니다. 나는 지민이의 말이 좀 언짢긴 했지만 설마, 하는 생각을 안 할 수 없었습니다.

"야, 봐준다고 그렇게 맞았겠냐? 선우만 맞았어? 승기도 코피가 터지고 여기저기 맞았잖아. 싸움짱이네 어쩌네 했는데 맞으니까 창피해서 괜한 소문을 내고 다니는 거라고."

지수가 콧방귀를 뀌었습니다.

"맞아, 싸움짱이라면 한 대인들 맞았겠냐?"

경인이가 또 맞장구를 쳤습니다.

"선우가 먼저 싸움을 걸었으니까. 승기는 아무 준비도 못한 조금 불리한 상황에서 싸워서 비긴 거지. 맘먹고 승기가 덤볐으면 아마 선우는……."

지민이의 말에 석호가 입을 틀어막습니다.

"아니야, 먼저 주먹을 날린 건 승기였어. 싸울 준비도 안 되었는데 먼저 얼굴을 쳤을까? 승기와 선우는 있는 힘껏 서로 싸웠어. 그래서 비긴 거야. 그게 사실인데 왜 자꾸 승기의 말에 넘어가서 사실을 사실이 아닌 것처럼 생각하니?"

석호가 나를 쳐다보자 나도 모르게 고개를 끄덕였습니다.

"그런 헛소문을 퍼트리고 다니는 건 정말 치사한 거야. 그렇게 해서라도 자신이 더 힘이 세다는 걸 자랑하고 싶고 자기 주변에 아이들을 끌어들이려는 거잖아? 내가 볼 때는 지난번에 선우가 말했던 것처럼 스스로 강해지지 못했기 때문에 겉으로 강한 척하는 거라고."

지수의 말에 나는 머리에 반짝 불이 켜지는 것 같았습니다.

역사적 사실을 왜곡해서 우리 민족을 억압하려고 했던 일본이 생각난 것 또한 다행이었습니다. 나도 하마터면 승기가 나를 봐주었다는 말에 의기소침해질 뻔했거든요. 그리고 그런 헛소문에 억울하기까지 했답니다. 그렇지만, 그것은 사실이 아닙니다. 나 역시 싸우기 위한 싸움이 아니었고, 또 끝까지 했더라면 이길 수도 있는 싸움이었기 때문이었습니다. 승기의 잘못된 행동을 깨우쳐 줄 수 있는 싸움이었다면, 그것으로 충분한 가치가 있는 것이었습니다. 누가 한 대 더 맞고 덜 맞고 하는 것보다 우리가 정정당당히 맞서 싸워 비겼다는 사실이 진짜인 것입니다.

문구점 앞을 지나갈 때였습니다. 그곳에서 우리는 승기와 그 무리들을 만났습니다. 누가 시킨 것도 아닌데 자연스럽게 아이들이

두 무리로 갈라섰습니다. 승기는 나를 처다보았습니다. 비웃는 것
같기도 하고 조금은 두려워하는 것도 같았습니다. 아이들이 웅성
거리며 서로를 노려보고 서 있었는데 승기는 한참이나 말이 없었
습니다. 나도 조금은 당황했습니다. 일부러 그런 건 아니지만 그
동안 승기와 마주치지 않았기 때문에 갑자기 마주하게 되니 나도
할 말을 잃고 말았습니다. 나는 얼른 마음을 가다듬었습니다. 그
리고 천천히 웃으며 말했습니다.

"안녕? 승기야!"

아이들이 의아한 표정으로 나를 보았습니다. 이 상황에 안녕이
라니요? 제법 놀랄 만도 하지요. 그러나 나는 이렇게 하는 것이
진정으로 승기를 이기는 것이라고 생각했습니다. 강한 주먹으로
상대를 제압할 수도 있지만, 때론 부드러운 말로 상대를 제압할
수도 있다는 건 나만이 알고 있는 강해지는 방법이니까요.

"지난번에 다친 곳은 괜찮니? 난 꽤 오랫동안 아파서 고생했어.
넌 어땠어?"

이번엔 아이들뿐 아니라 승기도 놀라는 눈치였습니다.

"어, 응……."

승기가 우물쭈물 대답했습니다. 그동안 강한 척했던 싸움짱 승

싸우기 위한 싸움이 아닌
정정당당한 싸움!

기의 모습은 전혀 찾아볼 수 없었습니다.

"그럼, 다음에 또 보자."

나는 승기에게 손을 흔들어 보였습니다. 그리고 승기의 무리를 가로질러 걸어갔습니다. 친구들도 나를 따라왔습니다. 제자리에서 멍하니 나의 뒷모습을 보고 서 있을 승기와 그 친구들의 표정이 무척 궁금했지만 나는 뒤돌아보지 않고 걸었습니다. 왜냐하면, 승자는 언제나 당당한 법이거든요.

4 편지

친구여, 나는 당당하다네.

내 비록 쇄골이 훤히 드러나는 야윈 몸이지만, 내겐 세찬 비바람도 막아서고 커다란 바윗돌도 부술 수 있는 힘이 있기 때문이지.

저 작은 창으로 들어오는 한 줄기 빛을 보게. 내 비록 타국의 차가운 감옥에서 숨을 쉬고 있지만 이 순간도 내 숨결에 환한 빛을 비추어 주지 않는가. 그래서 내겐 희망이 있고 당당할 수밖에 없다네.

친구여, 나는 이곳에서 한시도 책을 놓지 않았다네.

형틀에 사지를 찢기며 죽어 가는 동지를 보며, 귀를 쟁쟁 울리는 고문의 비명 소리를 들으며 나는 그렇게 책을 읽고 있다네. 교도관은 타국의 언어로 내게 물었지.

'당신은 곧 죽을 몸이오. 왜 책을 읽습니까? 고통스런 죽음을 맞이하기 전에 조금이라도 쉬십시오.'

나는 교도관에게 미소를 지었지. 그는 그런 나를 의아하게 쳐다보더군.

'우리의 미래는 교육과 독서에 있습니다. 곧 죽을 나의 미래도 거기에 있고, 곧 독립될 내 조국의 미래도 거기에 있습니다. 쉬지 않고 읽고 써야만 우리가 강해질 수 있습니다. 그래야만, 죽음을 이기는 것이고 침략을 이길 수 있습니다. 고문당하고 죽음을 당하는 자에게 희망은 그것뿐입니다. 괴로우십니까? 고문을 하고 죽음을 지켜보는 것이 괴로우십니까? 행복과 희망이 없으십니까? 그러면 책을 읽으십시오, 공부를 하십시오.'

내 말이 끝나자, 교도관은 내게 침을 뱉으며 돌아섰다네.

'곧 죽을 텐데 아직도 정신을 못 차리고 희망 타령이라니!'

고문으로 으스러진 손가락은 이미 쓰지 못한 지 오래지만 그래도 책장을 넘길 수 있고, 그들이 부러뜨리지 못한 내 정신은 많은 글을 구상 중이라네. 그래서 나는 오늘도 행복하다네. 올바른 역사에 대한, 우리 민족의 뿌리에 대한 나의 글들을 으스러진 손가락 때문에 쓸 수 없다는 것이 안타까울 뿐일세.

지난 5년간 나의 건강이 쇠약해져 일제는 나를 가석방시키는 쪽이 득책이라고 생각했겠지. 신원 인수인이 나타나면 석방 형식으로 출옥시키겠다는 말에, 친구여, 그대들이 백방으로 애를 쓰며 먼 친척까지 찾아 나섰다는 소식을 들었네. 그러나 나를 위해 애를 쓰지 말게나. 나라의 독립을 위해서 해야 할 일이 많은 나는, 마음이야 하루라도 빨리 출옥하고 싶지만 일제 침략자에게 빌붙어 재산을 축적한 자에게 신세를 지느니 차라리 이대로 옥사하는 편이 훨씬 나은 일일세.

친구여! 이 겨울이 지나면 새봄이 반드시 오는 것처럼, 조국의 독립도 머지않았다고 믿네. 나에게 다시 봄이 오지 않는다 해도 조국의 독립을 생각하며 나는 편히 눈을 감으려 하네. 내 생애 그리 서러울 것 하나 없지만 꼭 써서 남겨야 할 원고를 머릿속에 넣어 둔 채 죽는 것이 유감천만이네.

1936년 2월 신채호 씀.

대아와 소아

'아(我)' 는 나를 말합니다. 몸을 나라고 하기도 하고 나의 마음, 곧 정신을 나라고 말하기도 합니다. 신채호는 몸인 육체를 '소아(小我)' 라고 부르고, 육체를 초월하여 정신적으로 참다운 나를 '대아(大我)' 라고 불렀습니다. 소아는 내 자신, 내 몸, 내 가족만을 위하여 잠시 사는 것이지만, 대아는 민족이나 국가, 인류를 위해 영원히 사는 것입니다.

그는 대아를 '큰 나란 나의 정신이며 나의 사상이며 나의 목적이며 나의 주의이다' 라고 말했는데, 그것은 대아가 선생의 정신이며 선생이 추구하는 사상이며 선생이 되고자 하는 목적이며 선생이 살아가는 원칙이라는 뜻입니다. 따라서 선생이 말하는 '아' 는 크게는 우주와 인류 전체에 해당되는 것이며 작게는 국가와 민족인 것입니다.

신채호의 역사관

역사를 바라보는 관점을 역사관(歷史觀)이라고 합니다. 영웅이 역사를 이끌어 간다고 보는 것을 '영웅 사관'이라고 하며, 민족이 역사를 이끌어 간다고 보는 것을 '민족 사관'이라고 합니다. 제왕의 입장에서 기록한 역사를 '왕조 사관'이라하며 우리나라 《조선왕조실록》이 바로 이 사관에 의하여 기록된 것입니다. 그리고 민중이 역사를 이끌어 간다고 보는 것이 바로 '민중 사관'입니다.

신채호는 아라는 말을 가지고 역사를 풀이합니다. 당시 그는 자강 운동의 일환으로 애국계몽운동에 힘쓰고 있었으며, 우리나라 역사 연구에도 깊은 관심을 가지고 있었습니다. 그래서 자강론적 입장에서 우리나라의 영웅들을 칭송·발굴하였습니다.

"역사라는 것은 인간 사회에서 아(我: 나)와 비아(非我: 나 아닌 것)의 투쟁의 역사를 기록한 것이다. 나라고 하는 것은 쉽게 말하여 주관적 위치에 서있는 자를 말하며 나 아닌 것은 객관적 측면에 서 있는 것을 가리켜 말한다. 예를 들면 조선 사람은 조선을 나라고 하고 영국이나 미국, 독일, 프랑스 같은 나라는 나 아닌 것이 되는 것이다. …… 모든 사물 현상에는 나가 있으면 반드시 나와 서로 대치되는 나 아닌 것이 있는 법이다. 그리하여 나에 대한 나 아닌 것의 접촉이 빈번하고 격렬할수록 나 아닌 것에 대한 나의 투쟁이 더욱 맹렬해지는 것으로써 따라서 인류 사회는 끊임없이 발전하고 종말이 없게 된다."

여기서 '나'는 민족을 가리킵니다. 결국 역사란 민족과 그 민족에 상

대되는 다른 민족의 투쟁입니다. 이것이 바로 민족 사관이지요. 그 당시는 우리가 독립을 간절히 원하던 때였으므로 당연한 것이었습니다. 그러나 1920년대 이후에는 '민중 사관'으로 입장이 바뀌게 됩니다. 시대와 그 시대의 배경이 달라졌기 때문입니다.

에필로그

승기에게 지고 말았습니다.

처음엔 내가 이겼지만, 두 번째는 승기가 이겼습니다. 마지막 한판에서 승부가 가려지는데 내가 승기에게 지고 말았습니다. 치사한 녀석이 도망치는가 싶더니 갑자기 돌아서서 긴 다리로 내려찍기를 해서 나는 발목을 잡고 있던 손을 놓치고 말았습니다.

운동회 날, 닭싸움 개인전 결승에서 승기와 나는 반대 편이 되어 만났습니다. 그런데 승기에게 닭싸움에서 지게 된 것입니다.

"흥, 네가 치사하게 공격해서 이긴 거라고!"

억울한 마음에 나는 승기에게 이렇게 말했습니다.

"알아, 네가 날 좀 봐준 거지? 히히."

승기가 여유롭게 웃었습니다. 승기는 요즘 많이 변했습니다. 여전히 자신의 주장을 우기며 아이들에게 강요할 때도 있지만 아이들의 이야기도 잘 들어주곤 합니다. 상대편의 마음을 조금씩 이해해 주는 것 같기도 하고요. 여전히 나와는 친한 사이는 아니지만, 그렇다고 보고도 모른 척 지나가는 그런 사이도 아닙니다. 한 번 뒹굴고 싸우고 나니 승기에게 정이 들었다고나 할까요? 크크크. 나도 승기가 지나가면 그냥 모른 척하지 않게 됩니다.

어쨌든, 비록 승기에게 지긴 했지만 닭싸움 단체전에서는 우리 반이 이겼습니다. 결국 비긴 셈이 되었지요.

참, 그리고 이번 주말에 드디어 아버지께서 우리 가족 모두를 데리고 외출을 하시기로 했답니다. 바쁘신 요즘, 특별히 짬을 내셨다고 했습니다. 들떠 있는 나는 여러 가지 상상을 해 보았습니다. 과연 어디로 갈까? 그동안 벼르고 별렀던 놀이동산엘 갈까? 아니면 내가 좋아하는 축구 경기를 보러 갈까? 아니, 축구 경기를 보고 근처 하늘 공원에서 억새풀을 구경하며 김밥을 먹는 것도 좋겠네요.

"어디로 갈 건데요?"

퇴근해서 돌아오신 아버지 곁에 바짝 붙어 서서 여쭤 보았습니다. 그리고 그동안 내가 가고 싶었던 곳을 신이 나서 쭉 말했습니다.

"그것도 참 좋겠다. 그런데 이번엔 아버지가 선택하면 안 될까?"

"아버지가 선택하신 곳이 어딘데요?"

설레는 마음에 여쭈어 보았습니다.

"일본 대사관!"

"일본 대사관이오? 거긴 왜요? 아무나 갈 수 있는 곳이에요?"

"그럼, 아무나 갈 수 있지."

"그런데 왜 하필 일본 대사관이에요?"

내가 생각했던 곳이 아니라 조금 실망스러웠습니다.

"아, 어차피 아버지가 그곳에 취재를 가야 하는데 겸사겸사 가족이 함께 가는 것도 좋을 것 같아서."

"치, 내 그럴 줄 알았어요. 결국 아버지 일 때문에 가는 거잖아요!"

조금이 아니라 완전 실망입니다. 아버지 일 때문에 가는 것이 무슨 가족 나들이겠어요?

"물론 그렇지만, 네가 그곳에서 배울 것이 있을 것 같아서 일부러 함께 가려고 하는 거야."

"?"

"선우, 지난번에 엄마와 신채호 선생에 대한 이야기를 하면서 일본의 왜곡된 역사에 대해 들었지?"

"네, 아직도 일본은 우리 역사를 왜곡한 교과서를 만들고, 자꾸만 독도를 자기 식으로 이름 붙여 자기 땅이라고 우기고 있다고요. 정말 이해가 안 가요. 답답해 죽겠다고요!"

나는 또 흥분해서 가슴을 쾅쾅 쳐 댔습니다.

"그래, 우리는 오래전에 일제의 식민지를 벗어나 독립 국가가 되었지만, 여전히 왜곡된 역사로부터 독립되지 못했구나. 그들의 잘못된 역사관 때문에 종종 우리의 역사관 또한 왜곡되고 있지."

"왜곡된 역사로부터 독립되지 않았다니요?"

"우리가 일본의 왜곡된 역사를 그대로 두면 우리 또한 잘못된 역사관을 갖게 될 거야. 일제 식민지 때 공장이 세워지고 철도가 세워졌으므로 근대가 이루어졌다는 식의 우리 교과서 역시 잘못 곡해하면 일제의 힘으로 우리의 근대가 이루어졌다고 잘못 인식할 수 있거든. 우리나라에서 만든 물건보다 일본에서 만든 물건이 훨씬 더 좋고 믿을 수 있다는 편견 또한 마찬가지고. 우리는 우리 스스로 완전히 독립하기 위해 왜곡된 역사를 바로 잡고, 올바른 역사관을 갖도록 끊임없이 노력해야 해. 그런 의미에서 역사를 바로잡고자 하는 작은 노력의 일환으로 이번 주말에 일본 대사관 앞에서 촛불 시위를 한단다. 우리 가족이 그 행사에 함께 참여했으면 하는 뜻에서 아버지는 그곳을 선택했어. 어때?"

나는 고개를 끄덕이며 미소를 지었습니다. 아버지의 선택에 동의한다는 뜻이지요. 시위라는 말은 어쩐지 낯설지만, 촛불을 켜서 우리의 뜻을 전한다는 것은 정말 의미가 있을 것 같았습니다. 한 사람, 한 사람이 촛불을 밝혀 왜곡된 역사를 진실된 역사로 바로 세울 수 있다는 믿음도 생겼습니다. 왜냐하면 한강의 아름다운 야경도 하나의 전구에서부터 시작되었고, 커다란 불빛도 그 시작은 작은 불씨로부터 출발했을 테니까요.

통합형 논술
활용노트

01 신채호 선생님의 성격이 잘 드러나는 일화를 찾아보고 그에 대한 자신의 생각을 정리하여 서술해 봅시다.

02 우리가 국사를 배워야 하는 이유는 무엇일까요? 끊이지 않고 지속되는 중국의 동북공정, 일본의 역사 왜곡 등과 관련하여 국사 공부가 중요하게 논의되는 이유를 설명해 보세요.

03 여러분이 생각하고 있는 신문의 역할은 무엇인가요? 신채호 선생님
의 활동과 관련 지어 깊이 있게 논술해 봅시다.

04 신채호 선생님이 이야기한 '대아'와 '소아'가 무엇인지 책의 내용을 잘 떠올린 후 답해 보세요.

05 신채호 선생님은 스스로 부강한 나라를 만들기 위해 힘을 길러야 한다고 주장하며 실업이나 교육, 언론을 통한 자강 운동에 힘쓰셨던 분입니다. 여러분이 생각하는 자강의 방법에는 어떠한 것이 있는지 논술해 봅시다.

통합형 논술
문제풀이

01 신채호 선생님은 날이 밝아 오면 제일 먼저 옷차림을 점검하고 세수를 했다고 합니다. 몸과 마음을 깨끗이 정돈한 상태에서 하루를 시작하기 위해서입니다. 특이한 점은 신채호 선생님은 세수를 할 때 고개를 숙이지 않은 꼿꼿한 상태로 얼굴을 씻었다는 점입니다. 그렇기 때문에 세숫물이 아래로 자꾸 흘러내려 소매와 가슴까지 흠뻑 적시기 일쑤였습니다. 그래도 신채호 선생님은 아랑곳하지 않고 그런 자세로 세수를 계속했습니다. 그 이유는 고개를 숙이고 세수를 하는 것은 곧 일제 침략자들에게 고개를 조아리는 것이라 생각했기 때문입니다. 이를 통해 어떠한 상황에서도 불의에 타협하지 않고 강직함을 유지해 나가고자 하는 신채호 선생님의 신념을 잘 알 수 있습니다.

02 우리가 국사를 배워야 하는 이유는 조상들의 삶과 생각에 대한 이해를 바탕으로 올바른 역사관을 정립하고, 살아가면서 끊임없이 마주치게 되는 여러 문제들에 현명하게 대처하기 위해서라고 생각합니다.

국사는 우리 조상들이 수천 년간 소중히 발전시키고 지켜온 삶의 양식이자 자존심입니다. 그렇기 때문에 우리는 국사를 올바로 계승하고 발전시켜야 할 의무를 지니고 있습니다. 우리 스스로가 국사를 소중히 하는 마음이 없다면, 중국의 입장에서 우리나라의 역사를 멋대로 해석하는 동북공정이나, 독도의 영유권을 끊임없이 주장하고 있는 일본의 억지에 올바로 대응하지 못하게 될 것입니다. 우리의 소중한 권리를 지키기 위해서라도 국사에 대한 올바른 이해와 학습은 필수적으로 이루어져야 할 것입니다.

03 신문은 진실을 널리 알려야 할 사회적인 책임을 지고 있는 매체라고 생각합니다. 그러나 단지 진실을 전하는 것에 그친다면 올바른 신문의 역할을 다하고 있다고 할 수 없습니다. 사람들이 그 진실을 접하고 판단한 뒤 행동에 옮김

으로써 세상을 바꿀 수 있는 힘을 가지게 될 때, 비로소 신문으로서의 역할을 다했다고 할 수 있을 것입니다.

신채호 선생님도 이러한 신문의 역할을 잘 알고 있었습니다. 신채호 선생님은 일제 시대 여러 신문을 발간하여 새로운 소식을 알리고 자신의 생각을 담은 논설을 발표했습니다. 또한 신문을 통해 세상에 대해 잘 알지 못하는 백성들을 깨우치는 계몽 활동을 전개하기도 했습니다. 이러한 과정을 통해 많은 이들이 일본의 부당성을 이해하고 독립을 위해 뜻을 모을 수 있었습니다.

04 신채호 선생님은 나의 몸, 즉 육체를 '소아'라고 부르고, 육체를 넘어선 참다운 나의 정신을 '대아'라고 불렀습니다. '소아'가 물질적이고 육체적이며 거짓된 나를 의미한다면, '대아'는 사상이자 목적이고 무한하며 자유롭다고 설명했습니다. 또 '대아'는 어디든 가고자 하면 반드시 갈 수 있으므로 멀고 가까움이 없고, 행하고자 하면 반드시 달성하여 실패가 없는 것이라고 설명했습니다.

다시 말해 '소아'가 내 자신과 내 가족의 편안함만을 위하는 것이라면, '대아'는 민족이나 국가 전체를 위해 힘쓰는 것입니다. 이를 통해 '대아'야말로 신채호 선생님 사상의 핵심이자 목적임을 잘 알 수 있습니다.

05 저는 나라가 부강하게 되기 위해서는 자기가 맡은 일에 최선을 다하는 자세가 필요하다고 생각합니다. 학자는 자신의 강단에서, 노동자는 자신의 일터에서 자기가 하는 일을 자랑스럽게 여기고 땀 흘려 노력할 때, 진정한 힘이 생길 수 있다고 보기 때문입니다. 저는 학생의 신분으로서, 끊임없이 탐구하는 자세를 통해 남에게 의지하지 않고 스스로 문제를 해결하려는 태도를 지니기 위해 노력하고 있습니다. 그리하여 다른 나라의 뛰어난 학생들과 어깨를 나란히 하고 실력을 겨룰 수 있을 만한 경쟁력을 지니고 싶습니다.